超一流たちの

あなたの心に火をつける

決断の瞬間

ストーリー

ワニブックス
|PLUS|新書

本書は、『理念と経営』（コスモ教育出版）２０１７年9月～２０２１年7月発売号に掲載された連載「決断の瞬間《とき》」の内容に加筆修正したものです。

（Ｐ１３４～１６１の項目のみ『PRESIDENT』（プレジデント社）１９９７年7月号掲載の内容をもとに加筆修正）

企業情報などは基本的に掲載当時のママとしました。

はじめに

物事を決めるときや大切な決断の瞬間には原則のようなものを持っていた方がいいと思う。

わたしは次の3つを原則として考えている。

ひとつは簡単な道を選ばないことだ。予算や手間がかかってもオーソドックスな決断をする。時間がなくても、奇策を用いることはしない。

日本画家の千住博氏からかつて、聞いたことがある。

「野地さん、芸大(東京藝術大学)の入試で、こんな問題が出たことがあります。試験官がアルミホイルをぐしゃぐしゃにしたものを示して、これをデッサンしろ、と。むろん、試験時間は限られています」

うーん、どうするんだろう。無数のしわと映り込んだ物を描くのは手間がかかるし……。

「なかには自分なりに解釈して、すべてを描かないで、抽象的な作品に仕上げる学生がいます。しかし、それは正しい答えではない。腹をくって、丁寧にひとつひとつのしわを制限時間のなかで描いていく。それが答えです」

どうだろう。

周りと一緒に仕事を進めていくとき、勝手に解釈して簡単な方法論を選んでしまうことがあるのではないか。勝手に自分に有利なように解釈してしまうこともあるのではないか。簡単な答え、楽な道は物事の解決にはならない。

ビジネスで物事を進めていくのは面倒くさいことでもある。しかし、関係する人間たちのそれぞれの立場に配慮しながら進めていかなければ複雑な計画は日の目を見ない。こんがらがった複雑な関係を大きな視点から眺めて答えを出すこと。それが仕事ではないか。

面倒くさいと感じてもオーソドックスな解答を採用することだ。

丁寧にひとつひとつのしわを描いていくのと同じ根気強さが仕事には必要だ。胸がすくような快刀乱麻の決断を求めても、実際にはほぼありえない。

ふたつめは大切な決断は健康なときにする。

風邪を引いていたり、極端に疲労しているときに重大な決断をしない。わたしは原稿を書いていて思うけれど、風邪で熱が出ていた時に書いた原稿を読み返すと、元気がない文章になっている。文章に元気がないと意図を読者に伝えることができない。結局、書き直すことになる。

体調は表現に重大な影響を及ぼす。仕事も同じだ。大切な仕事の決断をするときは体調を整えること。風邪を引いたときに無理をして物事を判断することはない。決断は元気はつらつとしたときにくだす。

3つめは本質だけを考えること。本質を抜き出して、それを分析の対象にする。余計なものは勘案の対象にしない。たとえば、おいしいラーメンは何かと考えるのであれば、麺とスープのおいしさに絞る。伊勢海老が載っているから、会員制の店だから、芸能人が勧める店だから……、といったことはラーメンの本質とは関係がない。

判断とは本質だけを取り出すことだ。

ルネサンスの芸術家、ミケランジェロはフィレンツェ市庁舎前にあるダビデ像を作った後、こんなことを聞かれたという。

「どうやって、この像を彫ったのですか?」

彼はこう答えたとされている。

「まず材料の大理石を見る。それからダビデ像ではない部分を削り取る」

物事を決める前に、何が本質なのかをじっくり考えることだ。本質が何かがはっきりとわかってから初めて決断する。

本書には優れた経営者たちが決断を下した瞬間、その本質だけを抜き出してある。彼らの決断が時代と世の中に受け入れられたのは決断を下す際に原則があるからだと思われる。

彼らの原則とは何なのか。

その答えは本書にあります。みなさんがそれぞれ探り出し、削り取ってください。

あなたの心に火をつける

超一流たちの「決断の瞬間」ストーリー　目次

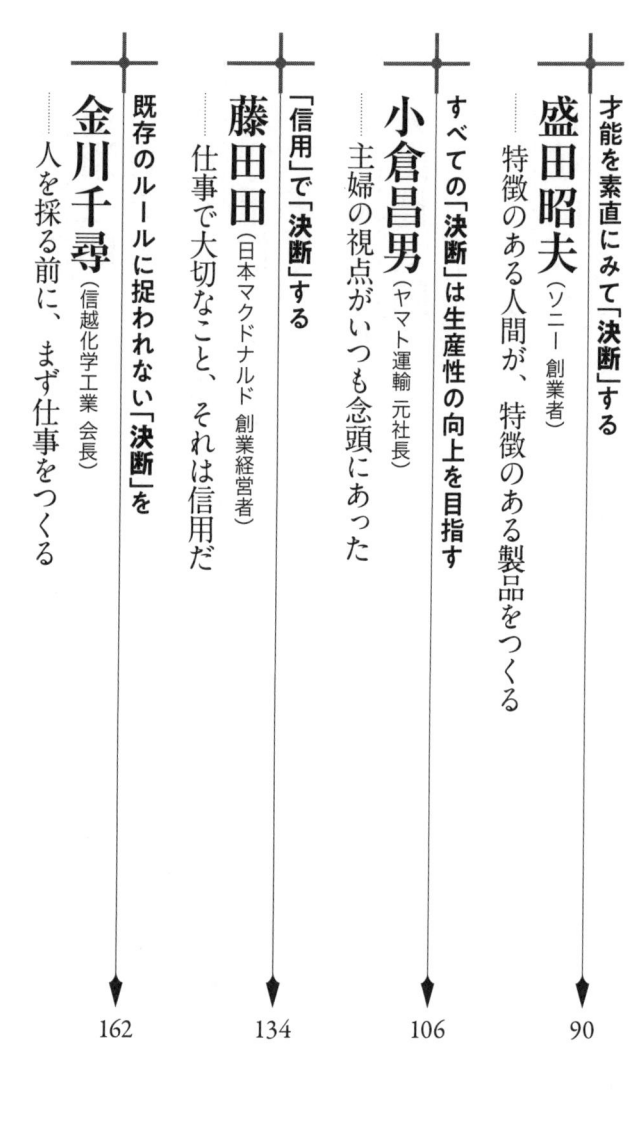

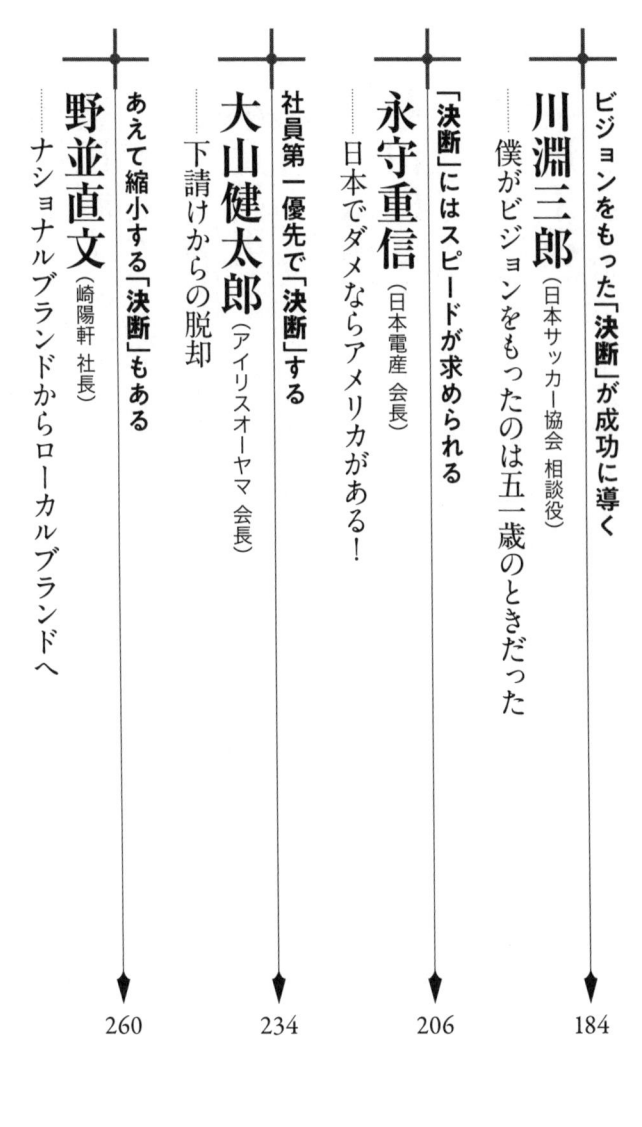

平凡な**決断**こそ、最強

商売というものは、
成功するように
なっとるんです

パナソニック 創業者

松下幸之助《まつしたこうのすけ》

今も多くのリーダーの手本になっている
「経営の神様」松下幸之助
立ちはだかる困難に向き合ったときの
「決断の瞬間」にせまる——

創業期を支えたヒット商品「二股ソケット」

大阪の淀屋橋から京阪電鉄に乗り、西三荘《にしさんそう》駅に向かう。守口市を過ぎると進行方向の左側に工場群が広がる。それはパナソニックの門真《かどま》市にある本社と工場だ。

二〇一八年の春、創業一〇〇周年を迎えた同社は敷地内にパナソニックミュージアムを開館した。これまでにも歴史を伝える松下電器歴史館はあったけれど、一〇〇周年という節目でもあることから、新たに一棟を建設。従来の歴史館と併せてふたつでひとつのミュージアムにしたのである。

建物の外観はどちらも一九三三年にできた当時の本社と同じデザインにしてある。そして、新築の棟は創業者、松下幸之助の生涯を記録した「松下幸之助歴史館」、従来の棟はものづくりのDNAを展示した「ものづくりイズム館」となっている。また、付属施設として「さくら広場」、さらに松下幸之助の門真旧宅、大観堂という堂宇《どうう》もある。

なお、同館は日曜祝日とお盆・年末年始を除いて開館しており（念のためホームページを見てくださいい）、入場は無料だ。企業博物館でも入場料が必要なところがあるのに、誰に対しても門戸を開き、もてなしをしようという姿勢は松下幸之助の考えから来たものではないだろうか。

同ミュージアムには幸之助を理解するうえで、見逃せないポイントが三つある。そこに彼の経営の決断と姿勢が反映されている。

歴史館のなかの展示のひとつが「創業の家」だ。一九一八年、彼は勤めていた大阪電燈を退社し、大阪市の大開町《おおひらきまち》に工場を作った。工場といっても木造二階建ての土間が作業場だった。本人は雑誌『キング』（講談社）でこう語っている。

「工場は、私の住んでいた（略）二畳と四畳半のうち四畳半を土間として使った。（略）（売り上げがないので）あれこれ相談の結果、やむなく二人の友人は他に職を求めて去り、あとには（松下）夫婦と義弟（井植歳男《いうえとしお》 三洋電機創業者）の三人がぽつんと残った」

ミュージアムには土間の作業場が再現されている。頭を丸坊主にした井植歳男が材料を練り、妻、むめのがソケットを手作りしている。そうして、「三人で毎晩十二時まで夜業をして」働いた。だが、機械らしい機械もない作業場から、幸之助が発案した二股ソケットが生まれ、そして大正時代の三大ヒット商品（亀の子たわし、地下足袋）のひとつとなった。当時は家庭の各部屋にコンセントがあったわけではなく、電球のソケットが二股になっていれば、もうひとつの電気製品を使うことができたのである。

幸之助は庶民の生活に役に立つ地味な商品で会社の土台を作った。丁稚《でっち》奉公から会社を興した幸之助の精神とは、みんなが使えるものをこつこつ作ることだった。

ソニーとは一線を画す「松下流ものづくり」

ものづくりイズム館にはパナソニックが作ったラジオ、テレビ、白物家電など約五五〇点が展示してある。すべてが電気を入れたら稼働するわけではない。しかし、そのなかのいくつかは、レプリカを活用して往時《おうじ》のブラウン管を再現し、画像を映し出している。

数あるなかで、もっとも創業者精神を反映していると思った製品は一九七七年に発売された薄型ラジオ「ペッパーラジオ」だ。

付された説明にはこうある。

「ラジオの小型化のニーズが高まる中、手帳サイズの薄さを目指し新しいラジオの開発がスタート。開発中の商品を見た幸之助は『薄く小さくしたのは良かったが、ラジオの基本構造は絶対に落としてはならない』と発言。（略）1977年、世界で初めて12・7ミリという従来の3分の1の画期的な薄さを実現した」

パナソニックが松下電器という社名だったころ、マスコミから「マネシタ電器」と揶揄された。画期的な新製品を作るのはソニーであり、次いで松下電器が同じような製品を出し、怒涛《どとう》の販売力でマーケットを占有してしまうという、思い込みから付けられた、からかい半分の言葉だ。

しかし、ほんとうにそうなのだろうか。実は世界初の薄さを実現する二〇年前にソニーはTR-63という「ワイシャツのポケットに入るラジオ」を出している。薄さは三二ミリ。しかし、ポケッタブルラジオなのに、既製のワイシャツのポケットに入れようとしても入らなかった。ラジオが分厚く、大きかったのである。専務だった盛田昭夫はちょっとした細工を考えた。

「ワイシャツのポケットを大きくすれば問題はない」

彼はやや大きめのポケットを付けた特製のワイシャツを作り、それを従業員に着用させて販売店にセールスに行かせたのである。

一方の幸之助は時間はかかったが、ちゃんとポケットに入るサイズのラジオを開発させた。音質もゆるがせにしていないし、そのうえ、名前もポケッタブルとはしなかった。開発に時間がかかったから、後追いのように思われたけれど、彼自身は同業他社と張り合おうとは思わず、顧客の役に立つ生活家電を作ろうと思ったのである。盛田昭夫のような機知もなく、ただただ愚直に勤勉に世界初の薄型ラジオを作った。木造二階建ての工場で三人が働いていたころから、愚直な精神は変わっていない。その証拠がペッパーラジオなのである。

商売のコツとは「もっとも平凡なもの」

パナソニックミュージアムの敷地内にはソメイヨシノ一九〇本を配置した「さくら

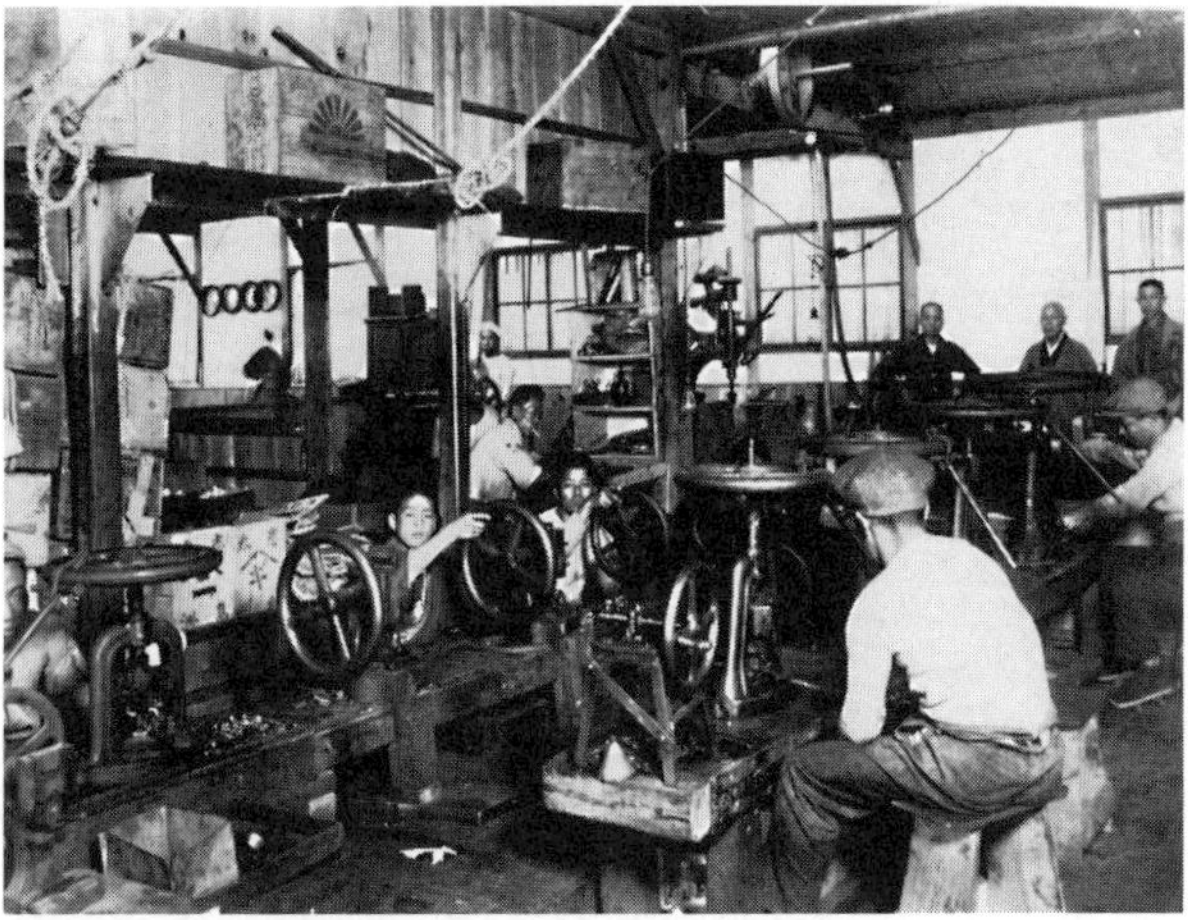

1924年ころの工場風景

広場」があり、広場の奥には彼が暮らしていた旧宅が残っている。

一九三三年、幸之助は本店と工場を大開町から門真に移したが、そのとき、工場の隅に家を建てた。木造の平屋で、大きな家ではない。パナソニックの部長くらいの給料をもらっていたら、大阪の郊外に建てられそうなものだ。庭も特に銘木《めいぼく》が植わっているわけではないし、日本庭園のようなそれでもない。

案内してくれた同社の担当者はこう言っていた。

「創業者の自宅は西宮《にしのみや》にあるのです

「それにしても質素なものだったのですね。工場の音が聞こえてくるのではないかと、いつも心配になってしまいそうな場所でした。ここに泊まっていたようです」

が、仕事が遅くなると、工場の隅にあるここに泊まっていたようです」

旧宅は事実上は幸之助の仮眠室のようなものだろうが、それにしても質素なものだ。お手伝いさんはいただろうけれど、家のなかにいても、工場の音が聞こえてくるだろう。そして、考えてみれば幸之助はいくつになっても、本店もしくは工場で「夜遅くまで働いていた」のである。そして、朝早くから働くために工場脇の家で寝た。

パナソニックミュージアムに展示してあるものを見ると、松下幸之助という人の一生は決して「幸運」「経営の神様」といった極彩色《ごくさいしき》の言葉ではなく、「平凡」「勤勉」「誠実」といった平凡だが良質の言葉で表すことができる。小学校を中退して丁稚奉公に出て、しかも、病身で、事業を始めてからも敗戦、GHQによる会社の解体指令とさまざまな困難に出会った。その都度乗り越えてこられたのは勤勉な生活とそして天性のユーモアのおかげではないだろうか。

一九六八年、彼は作家、松本清張《せいちょう》との対談でこんなことをしゃべっている。

「わたしの考え方など、もっとも平凡なものですよ。雨が降れば傘さしまっしゃろ。そうすれば、濡れないですむ。商売のコツ、経営というものはそんなものだと思っているんです。

物を売れば、カネをもらうわけでしょう。一円で買うたものなら、一円二十銭で売って、カネをもらえば商売はうまくいくんです。ところが、早くいえば、物を売ってもカネを取りにいかん人がある、取りにいっても払ってもらえぬ人もいる。これは、雨が降っているのに傘ささんということですわな。

商売というものは、成功するようになっとるんです。むつかしく考えるからあかんのです」

つまり、難しく考えずに、ニコニコしながら勤勉に働いていれば、誰でもある程度の金は残せる。松下幸之助という人は平凡なキーワードをそのまま実践した人だった。

事業の全生命を打ち込む冒険的な宣伝方法

「(創業期に)私の会社に革命的な発展をもたらしてくれたのは電池とランプ」

一九五三年、松下幸之助は雑誌『キング』(講談社)でこう語っている。確かに、電池、照明器具はいまもパナソニックの事業の柱だ。特に電池は乾電池の自社生産から始まり、二〇一七年には電気自動車(EV)専門のテスラモーターズ社の工場で、リチウムイオン電池セルの生産を始めている。また、同じ年末にはトヨタとも車載向けの電池事業で提携すると発表している。

創業者の幸之助が進出を決断した電池事業は一〇〇年間にわたって、同社をけん引しているわけだ。では、どうして、彼は電池事業を始めたのか。

それにはさらに時をさかのぼり、一九二七年に話を戻さなくてはならない。

当時、松下電気器具製作所の製品とは電灯用の「二灯用差し込みプラグ」、電球の口金《くちがね》を細工した「改良アタッチメントプラグ」のふたつだった。どちらも部品の延長のようなもので、単体の電気製品ではない。

同社初の単体の電気製品ともいえるのが、同年に発売した乾電池の入った角型の懐中電灯で、ブランド名「ナショナル」を冠した「ナショナルランプ」だったのである。幸之助は「売れる確信を持っていた」。そこで、「事業の全生命を打ち込む冒険」的な

ナショナルランプの広告看板

宣伝方法を取ったのである。

冒険とはつまり、一円二五銭だったランプを一万個、タダで、ばらまくことだった。そのころ、白米一升の値段は四二銭。ランプ代は決して安いものではなかった。

ランプのうち、もっともコストがかかるのは乾電池である。幸之助は乾電池を仕入れていた東京の岡田乾電池工場に赴《おもむ》き、社長相手に必死の説得を繰り広げた。

「岡田さん、ついては中身の乾電池のうち、一万個だけタダでくれませんか。

電池事業を柱に発展を続ける松下電器は、海外でも注目を集める。1962年には米誌『TIME』で紹介された

ただし、条件を付けます。今は四月です。年内にこの電池を二〇万個、売ってみせます。そうしたら、一万個をタダでください。その代わり、一個でも二〇万個に達しなかったら、まけていただかなくとも結構です」

電池工場の社長は答えた。

「よろしい。松下さん。二〇万個を年内に売ってくだされば、一万個は、のしをつけて差し上げます」

ひとり勝ちでは商売はうまくいかない

大阪に戻った幸之助はランプを作るとすぐに、ばらまきにかかった。ふつう、一万個という数はなかなか配れるものではない。しかし、一〇〇〇個も見本が出たころには、続々と注文が届いて、見本用のランプを出荷しなければならない事態になってしまった。つまり、見本を配り始めたとたん、大ヒットしたのである。そして、年の暮れ、幸之助が調べてみたら、なんと四七万個も売れたのだった。

翌年の正月、岡田社長が大阪までやってきた。幸之助はその様子をこう描写している。

「めったに得意まわりをしなかった岡田氏が、正月の二日にわざわざ下阪《げはん》し、紋付羽織に威儀を正して、感謝状と一万個の代金とを持って挨拶に来て下さった。私は、この感激ぶりを見て、一万個の電池をもらった喜びに十倍する嬉しさを味わったのである」

幸之助は小学校を四年でやめて、九歳で火鉢店に奉公、その後、自転車店、大阪電燈と勤め先を変えて独立している。自転車店にいたころ、彼は店に来た客から「煙草を買ってこい」と言われ、使いに行った。何度も「煙草を買ってきてくれ」と言われたこともあって、まとめ買いすることにしたのだが、店主からやめるよう言われた。煙草に利ザヤを載せて客に売っていた幸之助を見て、他の小僧たちが面白くない気持ちを持ったからだ。

そのとき、彼は気づいた。

「ひとり勝ちでは商売はうまくいかない」

岡田乾電池との交渉を見ていると、幸之助はひとり勝ちにならないような交渉をしている。それが決断の際の原則だ。生涯、彼は原則を守り、「共存共栄」という言葉を大切にした。

「企業が事業活動をしていくについては、いろいろな関係先がある。仕入先、得意先、需要者、あるいは資金を提供してくれる株主とか銀行、さらには地域社会など、多くの相手とさまざまなかたちで関係を保ちつつ、企業の経営が行われているわけである。

そうした関係先の犠牲においてみずからの発展をはかるようなことは許されないことであり、それは結局、自分をも損なうことになる。やはり、すべての関係先との共存共栄を考えていくことが大切であり、それが企業自体を長きにわたって発展させる唯一の道であるといってもいい」

幸之助の経営哲学とは頭のなかでひねくり回したものではなく、実生活の経験を昇華させた知恵であった。

アメリカ発の大恐慌で創業以来の危機に陥る

松下幸之助にとって最初の大きな決断はナショナルランプの発明と、それをタダで配るという画期的で冒険的な宣伝施策だった。一方、初めての大きな危機はナショナルランプを売り出した二年後、一九二九年に起こる。

その年、アメリカ発の大恐慌が世界を覆い、日本にも波及してきた。浜口雄幸《はまぐちおさち》内閣の蔵相、井上準之助は緊縮財政政策をとり、景気は停滞。倒産する企業が増えて、労働争議が頻発するようになった。

松下電器の一押し商品、ナショナルランプも売れ行きが鈍り、倉庫には滞貨《たいか》の山ができたのである。また、悪いことは重なるもので、幸之助は体調を崩し、自宅で臥せっていた。ふたりの幹部は幸之助の寝間までやってきて、ひそかに決めた善後策を伝えた。

「社長、この際、従業員を半減し、減産することで目下の窮状《きゅうじょう》を脱するほかありません」

ふたりの案を聞いていた幸之助は少しの間、考え、そして、自分の案を幹部に申し渡した。

「わかった。生産は即日、半減する。しかし、従業員はひとりも解雇しない。その代わり、工場は半日勤務にして、生産を半減する。ただし、従業員にはこれまで通り日給の全額を支給する。社員は全員、休日を廃し全力を挙げて在庫品の販売に努力すること。そうやって持久戦を続けて、世の中の成り行きを見よう」

幸之助の指示の下、首がつながった社員たちはセールスに歩いた。結局、二カ月で倉庫の在庫品はなくなり、半日の生産停止も撤廃。フル生産を行うようになった。

このときの彼の考えは一か八かの勝負ではない。「貧困からの脱出」をテーゼとして会社を興した幸之助は従業員を解雇して、そのまま社会に放り出すようなことは絶対にしたくなかったのだろう。

辞任を覚悟した幸之助、立ちあがる労働組合

二番目の危機は敗戦直後にやってきた。それこそ、会社存立の危機だった。同社はＧＨＱの目に止まり、七つの制限令を課されたのである。

1. 財閥家族の指定
2. 公職追放の指定
3. 賠償工場としての指定
4. 持ち株会社としての指定
5. 制限会社としての指定
6. 軍需補償の打ち切りと特別経理会社の指定
7. 過度経済力集中排除法の適用

一面の廃墟と化した大阪市内（松下電器真空工業所・戎橋工場の屋上から）

対して、幸之助は次のような感慨を抱いた。

「わずか一年の間に計七つの法令に引っかかるなんて、まったく唖然とするよりほかはない」

松下電器は運が悪かった。たとえば日立製作所、三菱電機といった会社は当時の松下電器より規模が大きかった。だが、どちらも日産本社、三菱本社の傘下にあった子会社だったのである。両社は早々に独立し、生産を始めた。しかし、丁稚奉公から松下電器をつくった幸之助はなぜか三井、三菱、住友と並ぶ「財閥」に指定されてしまったのである。

「うちは財閥ではない。図体《ずうたい》の大きな電器屋にすぎない」

そう感じた彼は進駐軍に抗議するため、五十数回にわたって上京、ＧＨＱ本部に談判に出かけた。四年後、やっと財閥指定から除外されたのだが、今度は公職追放令に引っかかってしまう。公職追放令にはＡ項とＢ項があり、前者は無条件追放、後者は審査のうえで追放と決まっていた。松下電器はさまざまな指定会社だったので、Ａ項に指定され、常務以上は全員追放と決められた。むろん、幸之助も追放である。財閥指定とは戦った幸之助も「社長を辞任するか」と覚悟を決めたのである。

ところが、ここで立ちあがったのが労働組合だった。戦前、幸之助が首切りを行わなかったことに感謝し、「松下電器は創業者がいなければ立ち行かない」とＧＨＱに嘆願に出かけたのだった。組合幹部の一人は、当時、雑誌『文藝春秋』で次のようなことを語った。

「創業自体を見てもわかるように、松下社長は何と言っても全従業員の中心となる大黒柱である。（略）会社をもり立て、全従業員の生活の安定を保つためには、どう

松下社主の公職追放解除をGHQに訴えた嘆願書

しても追放解除の嘆願運動を起して社長にふみとどまってもらわなければならない」

組合員は追放反対の署名を一万五〇〇〇人分集め、それを携えて上京し、GHQ本部及び日本政府の関係者に陳情を繰り返した。

陳情された側は驚いた。

「あの社長を追放してくれ」「あいつも首だ」という投書は山のように来たのだが、「うちの社長を助けてくれ」という嘆願は幸之助ただひとりだったからだ。

こうして、幸之助はB項に指定変更になり、追放されずに社長業を続けた。

従業員、組合員に対する彼の気持ちは生涯変わらなかった。自分が丁稚をやっていたときに苦労したことが骨身にしみていたのだろう。加えて「貧から生じる悩み」から人々を解放するというのが経営者としての彼の目的であり、決断だった。

非常時には非常時のやり方がある

松下幸之助にとって三番目の決断の瞬間は「熱海会談」と呼ばれる、不況を脱出するための販売会社、代理店との懇談会だ。当時、会長だった幸之助は会の後、「非常時には非常時のやり方がある」と自ら営業本部長に返り咲き、販売の第一線でセールスに歩いた。

それ以前、幸之助は全国に自社の販売網を構築している。一九五七年、彼は全国を回り、自社製品を置いてくれる電気店を募った。そうして、日本で初めての系列電気店チェーン「ナショナルショップ(現・パナソニックショップ)」をつくったのである。

ナショナルショップに加盟した町の電気屋さんは幸之助を尊敬し、ナショナル製品を売りまくった。幸之助もまた彼らの要請に応え、魅力的な新製品を開発しては店に送る。ピーク時、全国には二万七〇〇〇店ものナショナルショップがあった。現在、セブン - イレブンは全国に約二万一〇〇〇店とされている。それを上回る数で、かつては町の電気屋さんが存在したのである。

ナショナルショップは松下電器に入社した社員が販売の研修に携わる場でもあった。幸之助が丁稚奉公で物事を学んだように、パナソニックに入ったエリートたちは蛍光灯の交換をしたり、調子の悪い電気製品の修理をして、客とのコミュニケーションを図ったのだった。パナソニック前社長、津賀一宏《つがかずひろ》が働いたのは世田谷区、上野毛《かみのげ》の北村電気商会だった。わたしは彼が高齢の客に一生懸命、対応していた姿を見たことがある。販売店への派遣はパナソニック独特の社員研修だった。

六四年、価格破壊で知られるスーパーのチェーン、中内功《なかうちいさお》率いるダイエーは松下電器の商品をナショナルショップよりも安い価格で売ると表明した。伝え聞いた松下電器はダイエーへ商品を送ることをやめる。

ダイエーは「松下電器による出荷停止は独占禁止法に抵触するのではないか」と法廷闘争を開始。

中内は「商品の値段を決めるのはメーカーではなく、消費者だ。消費者に近い小売りだ」と主張。裁判で争うだけでなく、自社開発したプライベートブランドのテレビを激安の価格で売り始めた。当時のことを幸之助はのちに西武流通グループの堤清二《つつみせいじ》に、雑誌『財界』（財界研究所）で次のように語っている。

「中内さんは一つの理念を持ってやっておられるんやけどね。それはそれでちゃんとしたもので、私はまだ言うべき時代やないと思いますけれど、（流通業界の改革は）一つの進歩と言えるでしょうね。（略）

少し率直に言うとね、ぼくに悩みがあるとすれば、――どうしても商売は競争になる。競争には負けられんわね。勝たなしようがない。しかし、勝っても負けても困るわけです。進退きわまっているのが僕の心境やね（笑）」

幸之助は中内の強気に押され、決着のつけ方に迷ったということなのだろう。結局、両社は幸之助の没後に和解する。それから時間が経ち、二〇〇五年、中内は亡くなり、一五年にダイエーはイオンの子会社となった。一方、パナソニックは幸之助が亡くなった後もちゃんと残っている。

功績は部下に譲り、責任はトップが取る

ダイエーから挑戦を受けただけではなく、その年、景気後退により、消費が伸び悩み、ナショナルショップでも経営難に陥る店が増えた。幸之助は熱海のニューフジヤホテルを貸し切りにして、全国の販売会社、代理店の社長を集め、三日間の懇談会を開いた。これが先述した「熱海会談」である。会では激しい議論が交わされたが、最終日、幸之助は次のように総括した。

「責任の大半は慢心し、力なき時代の松下電器を育ててくれた流通への恩顧を忘れたわれわれにある」

涙ながらに自責の念を吐露した彼は根本的な改革を約束して懇談会を終えた。そして、根本的な改革とは自身の営業本部長への復帰、トップセールスを行い、かつ、新しい販売制度をつくることだった。その結果、業績は急回復し、松下電器は成長していく。

「熱海会談」では、全国の販売会社、代理店の社長などが一堂に会した

晩年、彼はこんなことを語っている。

「トップというのはものを知らないことも大事。かりに僕がいろんなことを知ってたら松下電器は今日の姿にならなかった」

ナショナルショップの育成、ダイエーとの戦争、熱海会談を通して、幸之助が見せたのは功績は部下に譲り、責任はトップが取るという姿だ。

彼の決断を考えてみると、「ひとり勝ちはしたくない」「共存共栄」というポリシーが見えてくる。資本家としては謙虚だった松下幸之

1973年、創業55年を機に会長職を退く。退任の挨拶を終え退場する松下幸之助氏、続いて新体制のもと会長に就任した高橋荒太郎氏、社長の松下正治氏

助のDNAが今もパナソニックに伝わっている。同社のイメージはアグレッシブというものではない。謙虚な姿勢で社会とともに歩いた創業からの一〇〇年だった。

松下幸之助

〔パナソニック 創業者〕

平凡な決断こそ、最強

出会いと引き際、
その**決断**がすべてを分ける

ふたりのホンダ

右が藤澤武夫、左が本田宗一郎

本田技研工業 元副社長

藤澤武夫《ふじさわたけお》

「世界のホンダ」をつくったもうひとりの
創業者・藤澤武夫
本田宗一郎を支え続けた女房役の
「決断の瞬間」にせまる——

「天才エンジニア」本田宗一郎との邂逅《かいこう》

ホンダのふたりの創業者、本田宗一郎と藤澤武夫が初めて会ったのは一九四九年の八月。

本田は四二歳、藤澤は三八歳だった。

紹介者は当時、通産省の役人だった竹島弘。竹島は戦前、戦中と中島飛行機にいて、そのときから、本田、藤澤のふたりを知っていた。ふたりとも中島飛行機に部品を納めるサプライヤーだったのである。

中島飛行機は戦前、東洋一の航空機メーカーだった。戦闘機の隼《はやぶさ》は同社が開発したエンジン、機体であり、三菱航空機が作ったゼロ戦も量産した機体数は中島飛行機のほうが多かった。一四七の工場、二六万人の従業員を擁《よう》した巨大企業である。

航空機を買うのは陸軍と海軍だけだ。買い入れに際して、値段は関係ない。軍はテストして品質のいい航空機だけを採用する。そのため、中島飛行機に出入りする

1948年、浜松の小さな町工場で自転車用補助エンジンの製造からスタートした。翌49年に藤澤氏が入社する

サプライヤーもまた「質のいいもの」を納めなくてはならない。本田はエンジンの部品、藤澤は航空機の備品などを納入していたが、いずれも品質の高いものだった。中島飛行機の社員だった竹島にしてみれば、ふたりは優良品質の製品を持ってくる前途有望の若者だったのである。

ふたりのうち、本田は戦争が終わると、地元の浜松で自転車用補助エンジンを作って売り始めた。ソニーの創業者、井深大《いぶかまさる》との対談ではこう語っている。

「一番最初は軍の放出物資の小さな通信用のエンジンを(自転車に)くっつけた。これは当時闇屋《やみや》が盛んだったころで自転車が唯一の足のようなもの。そこで自転車にエンジンをつければ遠くまで闇屋が活動できる。これをつけてみたら意外に具合がいいのでみんながほしいほしいというから作る気になった」

一方の藤澤武夫は「あたしアずいぶん仕事を変えたからね」と言うくらい、戦後はブローカー、製材工場など、さまざまな仕事をやっていたが、いずれも成功させていた。藤澤はそれなりのベンチャー起業家だったが、本田と会ったころは福島の二本松で製材工場の経営に専念していた。しかし、東京で旧知の竹島から「浜松にエンジニアの天才がいる」と聞いて、「会わせてくれ」と頼んだのである。

本田に魅了された藤澤は製材工場をたたんで、ホンダに入社する。そして、ふたりは同社を世界一のオートバイメーカーに育てあげ、四輪の乗用車にも進出を決めた。七三年に同時に引退するまで、二四年間、最初に会ったときのままの気持ちを持続させた。

二〇一八年三月期連結ベースで、ホンダは売り上げ約一五兆三六〇〇億円、従業員数約二一万五〇〇〇名の巨大企業になっている(取材当時)。

本田社長の参謀ではなく、「対等の立場」で

ホンダの常務になってから、藤澤がやったことは、本田宗一郎と語り合うこと、夢を追い求めることだった。雑誌『週刊朝日』(朝日新聞出版)で次のような対談をしている。

「藤沢　組んでからっていうもの、一日二十四時間のうち二十時間くらいは二人で…。
本田　語り合ったなあ。
藤沢　夜中の十二時ごろ別れて朝の七時ごろまた会って話すわけだ。別れる時がつらかったね。(中略)
そういう状態が二、三年つづいたから、もう一生会わないでも心がわかっちゃったわけよ、お互いに」

わかり合った後、本田はエンジン、バイクの開発に専念し、藤澤はそれ以外の仕

1947年、HONDAの名を冠した最初の製品「Honda　A型自転車用補助エンジン」

事をすべて取り仕切った。すなわち会社経営である。オートバイを売るための販売網を整備し、資金を調達し、銀行と折衝した。社員を採用し、給与体系を整えた。

東京営業所を開設し、埼玉県の白子に工場を造った。工場のなかには最新式の工作機械を入れた。資本金六〇〇〇万円だった会社がその二五倍の資金を投じて設備投資をし、同業他社を大きく引き離した。

こうした資金調達や設備投資の決断をしたのは藤澤だ。出会ったころに「心がわかり合うまで」話し合ったから、藤澤はいちいち本田に相談しなかった。そして、本田もまた藤澤の判断に対して文句を言ったことはなかった。藤澤は本田の参謀ではなく、ふたりは対等の立場で会社の方向性を決めていたのである。藤澤は役員になったら大部屋で一緒に働くこと、役員の子弟は入社させないといったホンダ独自の決まりは藤澤が単独で行ったように伝わっているけれど、実際には藤澤はちゃんと本田に考えを伝えていたのである。

藤澤氏の一生を支配した「料亭での出来事」

藤澤がどれだけ本田宗一郎のことを尊敬していたかというエピソードがある。

彼が入社した翌年、一九五〇年の一二月のことだ。オートバイは季節商品で、冬になると売れ行きが止まった。在庫をなくすひとつの道として、ふたりは海外への輸出を模索した。同社の本格的なアメリカ進出は五九年からになるが、それ以前から海外のバイヤーとは接触していたのである。

本田と藤澤は外国人バイヤーを浜松の料亭に招いて接待をした。芸妓《げいぎ》を入れ、酒を飲んで、バカ騒ぎをした。そういうところは遊び上手の本田がリードし、藤澤は酔っ払って先に寝てしまった。ところが、座敷が大騒ぎになり、藤澤は目が覚めた。

外国人バイヤーが料亭の便所を使ったとき、どういうわけか入れ歯を便器のなかに落としてしまったのである。水洗ではない。和風便所の便壺《べんつぼ》に落としてしまったのである。芸妓はもちろん、料亭の人間もなかなか便所のなかまで探しに行こうとはしなかった。そのときだった。本田宗一郎は着物を脱いで、裸になると、便壺のなかに下りていき、棒で探して、入れ歯を見つけ、自らきれいに洗ってから、外国人バイヤーに渡したのである。

藤澤はそれを見て、体のふるえが止まらなかった。

「そんなことおれにはできねえ。『だれか探せ』って、おカネをやれば済むじゃないか。ところがこの人はおカネで人をひっぱたかない。(略)自分で便所ツボに入ったのには驚いたな。あたしはこの男にはかなわないと思った。これがあたしの一生を支配した」(同対談)

藤澤は理知的で冷静な会社経営のプロだとされている。しかし、この話を知ると、いかに感激屋で、人情にふれるともろい男だったかがわかる。

ふたりは金儲けが目的で一緒に「仕事」を始めたのではない。ホンダという作品を作ろうとしたのだろう。経済マスコミはふたりの関係をソニーの創業者、井深大と盛田昭夫の関係になぞらえて語る。

しかし、わたしは違うと思う。本田、藤澤は経営者というよりも、むしろアーティストだ。

ソニーの創業者コンビではなく、ジョン・レノンとポール・マッカートニーが一緒に曲を作ったように、ふたりはホンダという会社を芸術作品に仕上げた。

ホンダを成長させた「ふたつの決断」

藤澤武夫は社長の本田宗一郎に代わって経営を取り仕切った。創業時、彼の経営判断で特筆されるのが販売網を作ったこと、そして、不況の折に工場で生産調整を

1992年鈴鹿サーキット内で「ドリーム号E型」に乗る2代目社長の河島喜好氏。1951年7月には、自らエンジンを設計したドリーム号E型で、本田、藤澤両氏が車で伴走するなか「箱根越えテスト」をやり遂げた

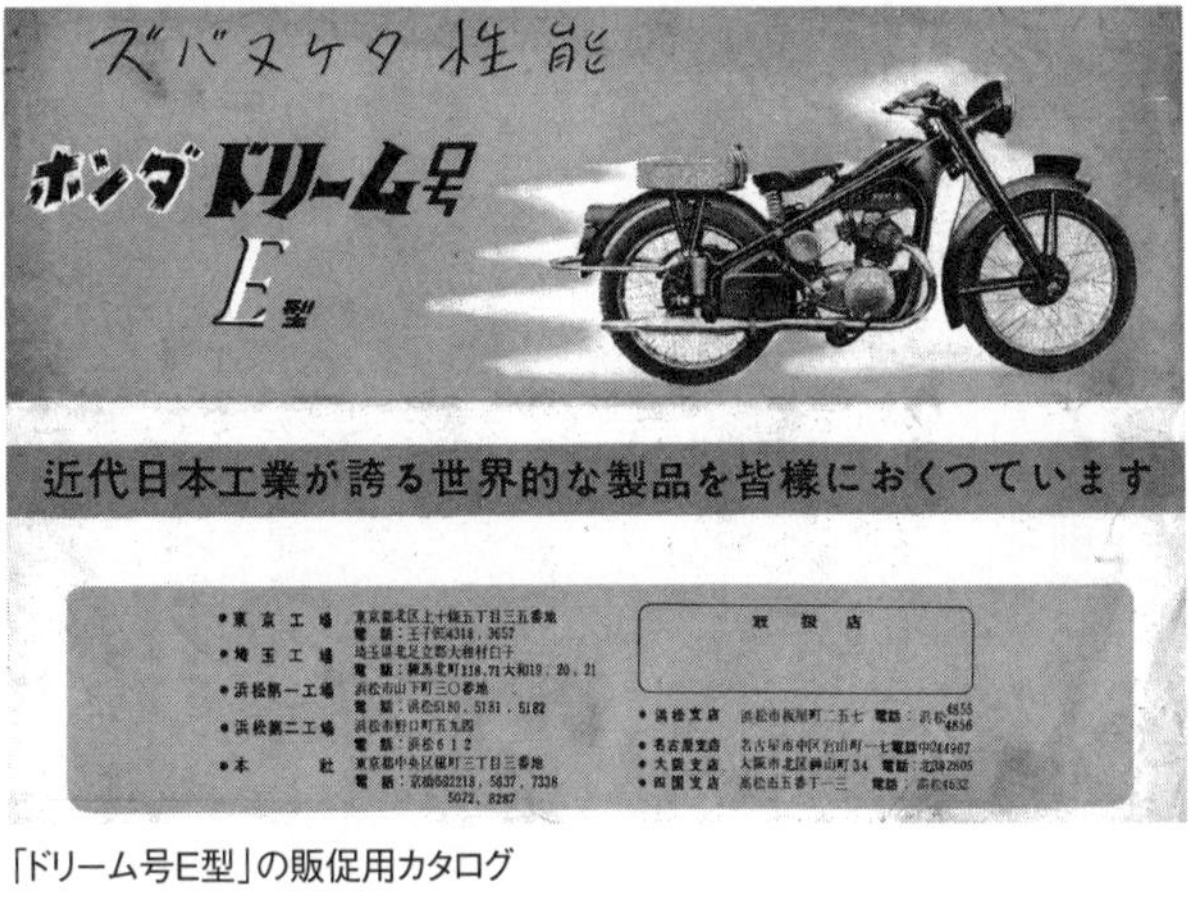

「ドリーム号E型」の販促用カタログ

行ったことだ。ふたつの決断がホンダを成長させた。

一九五〇年、ホンダは四サイクルのオーバーヘッドバルブエンジンをつけたオートバイを完成させた。それまでのバイクのエンジンは二サイクルが多かった。非力で、箱根の坂を登ろうとするとエンストしてしまうものだった。しかし、本田が開発したそれは「非常に進歩的な技術」(藤澤)で、四サイクルエンジンをつけたバイクはたちまち箱根の坂を登坂してしまったのである。

五〇〇ccクラスの大型バイクには装備されていたけれど、ホンダは小型バイクに四サイクルのエンジンを取り付けた。五一年には一四六ccのドリーム号E型として結実する。ドリーム号E型は発表してから好評で、引き合いが多かったのだが、販売網は未整備。そこで藤澤が考えついたのが当時、全国に五万五〇〇〇軒あった自転車店をオートバイの販売チャネルにすることだった。彼は全国の自転車店に手紙を書き、「代金は事前に振り込んでください」と続けた。

当時のホンダは無名の会社だ。だが、送金先が天下の三菱銀行(当時)だったこともあり、そのため、多くの自転車店がホンダのオートバイを売るようになり、これが後にホンダの自動車ディーラーにもなっていく。

藤澤が自転車店に目をつけたことは大きなことだった。戦後、自動車に進出した会社がもっとも困ったのは実は販売網を一から作らなければならないことだったからだ。

戦前、戦中と日本の自動車会社はトヨタ、日産、いすゞの三社しかなかった。しかも、乗用車ではなくトラックが主体で、そのトラックもほぼ軍用だった。自動車販売店は配給会社としては存在していたけれど、事実上は数も少なく、一県にひとつといった状態だったのである。その少ない販売店をほぼトヨタの販売網に取り込んだのがトヨタ自販の社長、「販売の神様」神谷正太郎《かみやしょうたろう》である。

神谷はツナギを着ていた販売店の小僧に「スーツを着ろ」「頭を下げろ」とアメリカ風のディーラーマン教育を徹底した。自動車の販売でトヨタが優勢だったのは、既存の販売網の大半を握っていたからだ。

既存の販売網には付け入る余地はないと睨《にら》んだ藤澤は自転車店に目をつけ、オートバイを売らせ、さらに軽自動車、乗用車と扱う車種をグレードアップしていった。

自転車店の店主たちは藤澤が始めた「サービスファクトリー」という修理サービス、部品の供給施設のサポート、さらに営業指導をするホンダ営研に導かれ、強力なトヨタ、日産の販売店に挑んでいったのである。

窮地で見せた藤澤氏の経営力

一九五四年、ドリーム号を二〇〇ccから二二五ccにパワーアップしたところ、クレームが続出し、売れ行きが止まってしまった。懐《ふところ》が苦しくなり、藤澤はサプライヤーを集めて、こんな条件を提示する。

「これから買う品物にこれまで買ったものを加えてその代金の三〇%を支払う。手形はかかないということで我慢してもらえないか」

急場をしのいだ後、彼は埼玉県の白子にあった工場で生産調整、つまり、製造を休止することを決めた。藤澤はそれについて、雑誌『週刊朝日』で次のように語っている。

「二十九年(1954年)になるとちょっと売れなくなったんだな。在庫がたまっちゃう。そのときにぱっと生産調整をやったわけだ。周囲の人はいくら藤澤さんが勢力もってたって、工場の生産調整はなかなかできないだろうっていうから、なにかんたんですよって、三日目には調整にはいっちゃった。社長(本田宗一郎)に相談もしないけれど、社長が反対しっこない、これで銀行がびっくりしてすっかり安心してくれたんです」

そうしている間に問題のドリーム号はキャブレターを交換して、品質を向上させた。問題はキャブレターの設計ととりつけ位置にあった。本田宗一郎がキャブレターの設計指示をしたことによって解決したのである。

生産調整を行ったとき、マスコミは「ホンダは危ない」と書いた。しかし、ホンダは生産調整とともに社内からムダをなくし、強靭な体質に変わった。

そのときの経営判断について、本田宗一郎はこう評している。

「槍《やり》というのは引き時の早いのが極意だ。突く時より引き抜く時のスピードが早いのが名人なんだよ」

藤澤武夫の経営の極意は引き時であり、しかも、それをちゃんと見ていたのが本田宗一郎だった。

軽自動車ではなく、小型の乗用車を作る

一九六六年の一〇月二一日、羽田東急ホテルでホンダの軽自動車、N360とライトバンLN360の発表会が行われた。同社はそれより三年前にT360、スポーツ500という軽トラックとスポーツカーを発売している。しかし、ホンダが本格的に量産の乗用車に進出したのはN360が初めてである。同車は三六〇ccのエンジンで、最大出力三一馬力、最高時速一一五キロ。車内空間も軽自動車ではもっとも広かった。当時の軽自動車の出力は一八馬力から二一馬力といったところで、N360だけは突出した性能を持っていたのである。そのため、翌六七年三月に発売されると二カ月後には同クラスで三一%のトップシェアを取った。わずか二カ月で軽自動車一〇台のうち三台がホンダ製に変わってしまったのである。

狭山製作所（現・埼玉製作所狭山工場）で生産されるN360

藤澤武夫はこう述べている。

「そのころ他社で作っていた軽四乗用車の売れ行きは火の消えたようなもので、再び盛況がくるとは思えない状態でした。軽四輪はだめなものと世間が思ったばかりでなく、業界もそう思っていた。そこに、考えられないくらいのゆとりの四人乗り、三十馬力、最高速度百十キロ、少ない燃料消費、低価格と、どれもが意表をついたN360の登場です。これが一大ブームを起こしてしまった」

藤澤が「軽自動車は火の消えた状態」と言ったのには理由がある。

六六年はトヨタカローラ、日産サニーが出た年だ。モータリゼーション元年で、大衆は軽自動車からそろそろ小型車へ乗り換えたいと考え始め、軽自動車に対する買い控えが起きていたのである。自動車各社も続々と小型車の開発を進め、軽自動車でナンバーワンだったスバル360を持っていた富士重工(当時)はカローラ、サニーと同じ年にスバル1000という小型車を出している。

業界の専門家は軽自動車から小型車への乗り換えは早いと予想していた。

しかし、本田と藤澤はそうした縮小すると思われていたマーケットへ、高性能かつリーズナブルでスタイリッシュなN360をリリースした。彼らはそれまでの軽自動車マーケットとは違う、新しくて小型の乗用車マーケットを創り出したのである。

オートバイ、四輪車……そしてホンダジェットへ

その後、ホンダは続々と新型自動車を出し、オートバイメーカーから自動車メーカーに変身した。ホンダがあまりに軽々と変身したから、わたしたちはオートバイ

メーカーが自動車メーカーになったことに違和感を持たないが、実際には稀なケースだ。

「スズキだって同じバイクメーカーから自動車会社になったじゃないか」と言われるかもしれない。しかし、スズキはトヨタと同じように元々は織機《しょっき》を作っていて、機械メーカーとしての蓄積があった。また、国内の他のメーカーを見てみると、三菱とスバルは元々航空機を作っていた。日産は最初から自動車製造を目的とした会社だった。マツダとダイハツはオート三輪の会社である。

オートバイを作っていたからといって、それほど簡単に自動車を製造できるわけではない。だが、それを簡単にやってしまったのが、天才エンジニアの本田宗一郎と経営者、藤澤武夫だった。

そして、ふたりはその次のことまでも考えていた。

N360を発売するよりも五年も前のことだ。ホンダは朝日新聞(主催)とともに「軽飛行機の機体設計」を募集している。乗用車の次は飛行機だと考えていたのではないだろうか。

小型ビジネスジェット機「HondaJet」の最新型「HondaJet Elite（エリート）」

藤澤はホンダの社内で次のように発言したことがある。

「今、世界の航空機はジェット機の方向に進んでいますが、一方、百馬力程度の軽飛行機が、現在自家用機としてアメリカや各国で必要な時代になってきています。（略）

ここがひとつの盲点だということなんです。それに、飛行機は多量生産ではないんで、少量生産なんです。そうなりますと、アメリカよりも日本のほうが得手《えて》なんですからこれを将来やることになっても相当企業化できるだろうということなんです」

この発言からほぼ半世紀後、小型機ホンダジェットの運用が始まった。乗員を含む最大七人乗りで、全長約一三メートル、幅約一二メートル、高さは約四・五メートル。最大高度は一三一〇六メートル、最大巡航速度は時速七八二キロメートル、航続距離は二二六五キロメートル。従来のビジネスジェット機に比べ、燃費は一七％節減し、速度は約一〇％アップした。客室容積も約三〇％広くなっている。しかも、操作性、室内の静粛性にも優れている。

ホンダはＮ３６０のように、ホンダジェットで新しい小型ジェット機のマーケットを創り出したと言っていい。

「ふたりでひとり前にしかならんのだからね」

一九七三年、ホンダの社長だった本田宗一郎、副社長だった藤澤武夫はともに役職から退《しりぞ》き、最高顧問になる。本田は六七歳、藤澤は六三歳だった。

「あざやかな引き際」と世間は拍手、同社の企業イメージはぐんとよくなった。

1972年に行われた「オールホンダ・アイデアコンテスト」にて。笑顔を見せる本田氏（左）と藤澤氏

のちに本田は、「会長にもならなかったのですね」と記者に問われて、次のように答えている。

「社長辞めても、今度は会長という名前で社長業務をやっているんだったら、そんなら辞めない方がいいんだよ。そんなのインチキみたいじゃない。おれは耐えられないね。それだけ。耐えられる人と耐えられない人とあるというだけ」

また、同じインタビューのなかで、ホンダの成功は藤澤武夫がいたからだと言っている。

「これはうちの副社長(藤澤)とぼくとピッタリしたからですね。こういうコンビというのはないいんじゃないの。やっぱりぼくひとりじゃできません。(略)物をつくるしか知らん人間が思い切るといったって、それはまた別ですよ。物をつくることに対しては思い切れる。彼らが買ってくれるようなものをつくるということには自信がある。ところが、経営が大丈夫か大丈夫でないかという踏ん切りは副社長の藤澤がやった。これね、ひとりでやったら間違いを起こしますよ。副社長ひとりでも、おれひとりでも。ふたりでひとり前にしかならんのだからね」

本田が「ふたりでひとり前」ということをつねづね口に出したために、ふたりのコンビは世間に知られるようになった。そして、ふたり一緒に引退したことで、大衆に好印象を残した。

藤澤が決断したもっとも大きなもの

藤澤の決断でもっとも大きなものは本田宗一郎とコンビを組むことにしたこと

だ。そして、二番目の決断はふたり一緒に引退したことだろう。その他にも彼は経営において、大きな決断をしている。しかし、本田と藤澤が出会わなければホンダという会社は存在していなかった。そうして、ふたりは引退するまで、高校生のような友情関係を周囲に見せつけたから、ホンダは実業界のなかで清新《せいしん》さ、若さを感じさせる企業になることができた。

藤澤は年上の本田宗一郎を心から尊敬していた。彼のスピーチ、書いたものを見ると、溢れるばかりの感情が伝わってくる。

「社長(本田)が少年のとき自動車をイジリたくて修理工場へ入ったのに、赤ん坊のお守りをさせられた。新しい小僧がくるまでの半年の間、いやでいやでたまらなかった。

『今日からお前は自動車にサワッテよろしい』と言われてやった仕事が、雪の降った日、車の下にもぐって土をおとす仕事であった。少年といっても十八歳、雪の上を這って車の下の泥を落としながら嬉しくて涙がとめどなく流れたそうだ」

「白子工場(埼玉県 一九五三年)をつくったとき、まだ機械もろくに入っていないのに、従業員の便所を水洗にして、石鹸を置かせたのは本田です。食べるものと同じように出すところもまず清潔にしなきゃいけないというんです。ないかね（金）でそこまでしてくれという。本田がそれをいったということが、私を余計、本田好きにさせていくわけですね。

（略）昭和二十九年ごろでしたか、白子の事務所に行った。ところが机の上に書類がちらかっている。棚もきたないんですね。私、カァーっときちゃった。『なんだあー』てんで、机の上から棚の上、散らばっている書類を全部引っかき回しちゃった。インキ壺は落っこちる、書類は散乱する。みんな、びっくりしちゃいましたね。後ろから羽交締《はがいじ》めに押さえられてしまった。ちょっとした松の廊下ですよ。（略）

私に言わせれば、本田はかね（金）もないのに便所をまっ先にやった人なんだ。その思想を汲めば事務所がきたなくていいはずがない、ということなんです。それがわかっていないから、現場に申し訳ないという気持ちで思わず暴れてしまった」

現場に申し訳ないというより、「本田の気持ちをないがしろにするな」というのが正直なところではないか。それくらい、彼は本田宗一郎を尊敬し、また、好きだった。

そんな藤澤は趣味人としても知られている。引退した後、六本木の住宅街のなかに「高會堂《こうかいどう》」という書画、骨董を扱う店を開いた。私は一度、その店に取材に行ったことがある。日本と中国の骨董だけでなく、西洋家具も置いてあった。いずれも高額で、「いったい、誰が買いに来るんだろう」と不思議に思ったものだ。

そこで店主と思《おぼ》しき白髪頭の人と話をした。何を話したかは覚えていない。おそらく藤澤武夫だと思われる人は骨董について、いろいろ話をしてくれたけれど、その間、ずっと私の目を見て、一時も視線を外さなかった。商人というよりも、観察者の目だった。きっと、藤澤武夫という人は人物を見るのにすぐれた人だったのだろう。

決断は「やってみなはれ」

人間が
面白くないと
酒は売れん

サントリー 元会長

佐治敬三《さじけいぞう》

創業者・鳥井信治郎《とりいしんじろう》氏のチャレンジ精神を受け継ぎ、
サントリーを日本を代表する
総合酒類食品メーカーに育て上げた佐治敬三
その生涯における大きな「決断の瞬間」にせまる——

優秀なクリエーターを集め「宣伝」に力を入れる

——洗練というより洒脱《しゃだつ》な会社。

——赤玉ポートワインから始まり、ウイスキー、ビール、天然水、健康食品などへ扱う商品を上手に増やしている。

——宣伝広告、広報に長けている。

——美術、音楽といった文化事業に献身的に貢献している。

以上が今のサントリーという会社のイメージで、そうした企業イメージをつくりだしたのが二代目社長の佐治敬三だ。そして、佐治の生涯における大きな決断の瞬間は三つあった。

佐治敬三が寿屋《ことぶきや》(サントリーの前身)に入社したのは敗戦の年、一九四五年である。創業者で父親の鳥井信治郎から命ぜられ、進駐軍の将校、下士官《かしかん》にウイスキーを売り込むところから始まり、四年後には専務となる。専務となってから、社長(六一年)、会長(九〇年)までの間、やり続けたのは前半はウイスキー、途中からはビールの普及だった。

やらなくてはならなかったことは、まだウイスキーを飲んだことのない消費者に、たとえ一口でも舶来の酒を飲んでもらうことだったのである。

私は生前の佐治に二度、インタビューしたことがある。また、サントリーホールで公演を見ていたら、ラウンジで出会い、声をかけられ、立ち話をしたことがある。すでに大経営者だった。彼が話をしたジャーナリストのなかでは、おそらく私が最も若い部類に入るだろう。

彼自身、インタビューでは「ウイスキーはまだぜいたく品だった」と語っていた。

「ウイスキーもビールもぜいたく品だった。家庭に冷蔵庫が普及していなかったから、氷がないし、冷やすこともできん。金持ちは井戸でビールを冷やして飲んでおったけれど、それはごく少数のこと。一般の人が飲むのは日本酒、あるいは焼酎か。あのころはよう日本酒ばかり飲んどった(笑)」

専務になった年の五月、全国の飲食店営業が再開された。佐治の証言にあるように、家庭でウイスキーを飲む人はほぼ皆無だったから、寿屋は料飲店にウイスキーを売り込み、かつ、一般消費者にはウイスキーとはなんたるものかを知らせる必要があった。

そこで宣伝に力を入れた。当時はまだ新興メディアだったラジオ、テレビを活用し、最高で二四万部という大部数のPR誌『洋酒天国』を制作し、全国で配った。つまり、最初の大きな決断とは、宣伝に力を入れること、優秀なクリエーターを集め、敬意をもって接することだった。そして、佐治が出会った最高のクリエーターは作家の開高健だった。

「最高のツレやった」作家・開高健の才気煥発

「僕は小学校の時分から早熟で宣伝文句を考えたり、絵を描いたりするのが好きだった。自分でもコピーを書いたりしたけれど、でも、もっとええ人間がおったら

欧州へビール市場の視察に向かう開高健氏（右）と佐治氏

採用しようと虎視眈々としておった。
開高はうちで働いていた牧羊子《まきようこ》（詩人）の旦那だ。僕は開高が『えんぴつ』という同人誌に書いた編集後記が心に残っていたから、一度は会いたいと思っていた。あるとき、彼女が『子どもができたんやけどダンナ失業しましてん。寿屋でやとてちょうだい』と言ってきた。
『よっしゃ、それならあんたとトレードしよやないか』
それで入社してきたんだよ。入っ

たばかりのころ、開高は『発展』という酒屋さん向けのＰＲ誌の仕事をしていた。地方を回って酒屋のご主人に話をうかがい、店頭の写真も撮る。写真を撮るとなると棚の酒もきれいに並べるし、当社のウイスキーを前に出してくれる。それがこっちのメリットになるわけやな」

佐治は開高の人間と才能と文学のすべてが好きだった。開高が社員として働いたのは五年ほどで、後に関連会社の嘱託になる。佐治はビールを発売する前も、開高に相談し、一緒に欧州まで出掛けていった。

佐治は「開高は最高のツレやった」と言っていた。

「あいつはまだ痩せていたな。才気煥発で非常に真面目な男なんだ。何をやらせても仕事の手は早いし、そもそも人間の出来が違う。僕は宣伝のコピーにはうるさいほうで、よく筆を入れたりしたが、開高のコピーだけはとてもそんなことのできる余地はなかった。うちにいた時間は短かったが、その後も深く関わって従業員以上に働いてくれた。『人間らしくやりたいナ』というトリスのコピーもあれは退職後の仕事です。『ナ』というカタカナにしたところが味噌なんでしょうな、きっと。あい

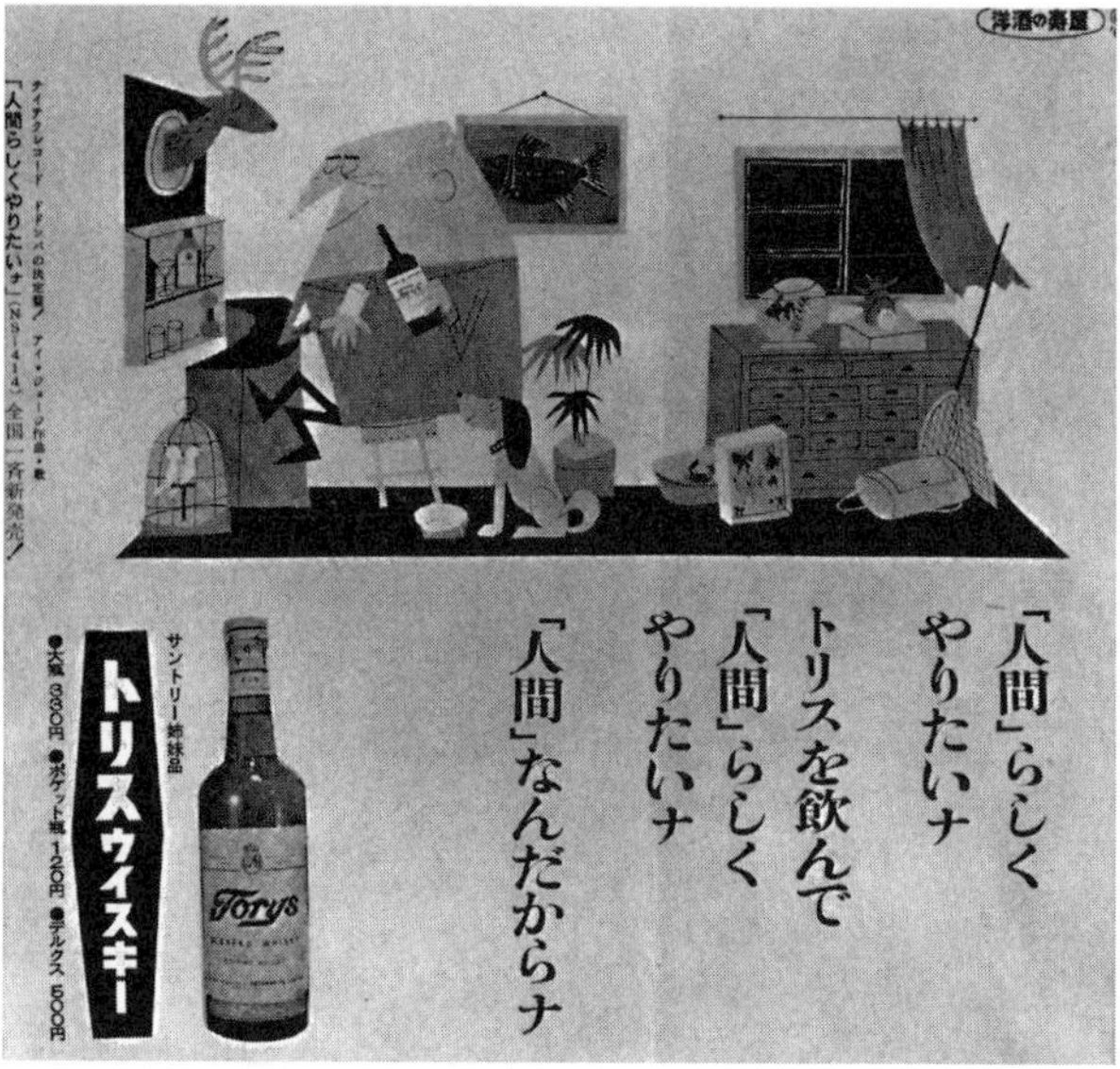

開高氏が手掛けたトリスウイスキーの広告

つは経営者としても立派になる素質を持ってましたから、あのまま辞めずにいたら取締役どころかサントリーの社長になってました。

ほんまに、あの時代は誰もかれもみんな気が違うくらい仕事してた。朝から晩まで働いて後は酒を飲むだけや。みんなが『狂』の時代で、何かに取り憑かれるように仕事をしていた。誰かに怒られるから仕事をしようというのでなく、さりとてやらねばならないと目を吊り上げたわけでもない。周りの『狂』に同化してしまって、いつの間にか働いていたんだな」

サントリーの仕事が「特別」なワケ

佐治が大切にしたクリエーターは開高一人ではない。山口瞳もむろんそうだ。そして、他にも大勢いる。

彼が立派なのは仕事をしたクリエーターに対して、決して「出入り業者」の気持ちを抱かせることがなかった点だ。相手がどんな若造だったとしても、「先生」と敬い、応接した。こういうことができる経営者はまずいない。経営者だからと言ってやみくもに威張ることはなかった。

そして、今もサントリーは佐治の気風を受け継いでいる。

以下はアートディレクターの長友啓典《ながともけいすけ》氏から聞いた話だ。長友氏はサントリーの仕事をいくつもやっていた。なかでも伊集院静《いじゅういんしずか》氏とふたりで、成人の日、入社式の日の同社新聞広告を長く担当していたことは知られている。二〇一七年に亡くなってしまったけれど、長友さんはため息をつきながら、こんなことを教えてくれた。

「野地くん、サントリーの仕事をやらなあかんで」

「どうしてですか」

「あのな、この前、入院したときのことや。病室が決まって、ベッドに入った途端にサントリーの秘書がやって来て、『お見舞いです』と結構な額の見舞金を置いていくわけや。そんな会社、あそこだけやで。僕ら社員でも何でもないんやからな」

「それはすごい。長友さん、僕らクリエーターは病気しないと損ですね」

一九五四年に佐治が開高を入社させ、コピーライターとして、小説家としての才能を開花させた。そして、外に出た開高を弟のようにかわいがった。もちろん、開高はサントリーの仕事には特別の熱意を持って体当たりした。クリエーターはギャラが多いほうがうれしい。しかし、ギャラだけではない。敬意を払ってくれるクライアントとの仕事ならば、たとえ火の中、水の中といった気持ちになる。

サントリーの広告宣伝が他社のそれよりも優れているのはクリエーターに接する態度が違うからだ。そして、それは佐治が開高健に対して始めたことなのである。

そのことをインタビューで指摘したら手を振って「そんなことはないよ」と言っていた。本心を悟られるのが嫌というタイプだった。

だから、聞いてみた。

「佐治会長、人生訓とか座右の銘はあるのですか」

無愛想な答えだった。

「僕はね、何ものかにとらわれるということが好かんのです。ポリシーとか座右の銘とかそんなものない。何をやるにしてもポリシーなんて考えたこともない。まったく行き当たりばったりの人生や」

千載一遇のチャンス到来「ビールに挑戦したい」

寿屋が初めてビールに挑戦したのは戦前のことだった。創業者、鳥井信治郎は一九二九年に新カスケードビール、三〇年にオラガビールを発売したが、業界大手にかなわず六年後に撤退。信治郎は歯噛みして悔しがった。撤退から二十数年を経て、二代目の佐治は自宅で静養していた父親、鳥井信治郎の枕元で、ある決意を打ち明ける。

「ビールに挑戦したい」

信治郎は「人生はとどのつまり賭けや」と言ってから、低い声で続けた。

「やってみなはれ」

サントリーがビールを発売したのはそれから三年後、信治郎はすでに鬼籍に入っていた。

佐治がビジネスで最も大きな決断をしたのは、ビールへの再進出である。

進出する理由はふたつあった。

ひとつはウイスキーは売れて売れて繁盛していたけれど、経営の柱が一本だけでは心もとないと思ったこと。大きく成長する新事業が欲しかったのだ。

ふたつめはウイスキーとビールは隣接しているから製造については自信があっ

た。ともに原料は麦芽と水である。加えて、当時はすでに家庭に冷蔵庫が普及していた。製氷機の氷でサントリーウイスキーを飲む消費者が大勢いた。佐治がやろうとしたのは冷蔵庫のなかにサントリービールを一本でも二本でも入れてもらうことだったのである。

サントリーにとっても「いまが千載一遇のチャンス」だったのである。

だが、当初は大苦戦し、佐治は自らセールスマンとなってビールを売り歩く。

「始めたころはサントリーのラベルが付いとるだけで『ウイスキーくさい』と言われてちっとも売れん。バーや酒屋さんへ行ってもセールスは言うに及ばず、配達を手伝ったり、子守をやったり、料亭では下足番《げそくばん》をやったり、まあ、たいていのことはやりましたな。

そのうちに、うちのビールを扱ってくれる酒屋さんが増えてきて、若獅子会《わかじしかい》という親睦会をつくったんですわ。ヤングライオンの会。なんでやと言ったら、強いライオンになって、キリンの足を食いたい、と。はい、ネーミングは僕です」

私がそんな話を聞いたのは九五年のことだった。

同社ビールのシェアは六・七%。首位のキリンビールは四七・五%もあった。ところが二〇一六年にはサントリーのシェアは一五・七%になっている。一方、首位だったキリンビールは業界二位に落ち、シェアは三二・四%だ。二〇年間で、ライオンはキリンの足を食べてしまったのだ。

誰もがやったことのない新商品を開発する

ビールに進出し、一定の成功を収めたことは同社と社員の体質を強化した。以降、「やってみなはれ」の商品群が次々と誕生する。一九九三年にはゴマの栄養素を含む健康食品セサミンを発売。サントリーは今では健康食品業界のトップメーカーとなっている。

二〇〇四年には世界で初めて青いバラを誕生させた。発売は〇九年からである。

このふたつでもわかるように、サントリーの新事業は他社の追随ではない。参入するにはハードルの高い業界、もしくはまだ誰もがやったことのない業界を目指し

店頭で自らビールを売り込む佐治氏

て、新商品を開発する。だからこそ、「やってみなはれ」という言葉がぴったりくる。

佐治敬三はビールの販売促進について、私にこう語った。

「社員の足腰を強くするために始めたビール事業だったが、私自身のためにもなった。いい年して、自らビールの売り込みやってますから。大阪商工会議所の会頭(一九八五〜九二)をやっとったんだが、会議に出席するのに胸にサントリービールと書いてあったワッペンを付けて出席したんですわ。ちょうど社内でビールのキャンペーンをやってたものですから。するとと『公的な機関で自社の宣伝をするとは何事か』と物議を醸しまして。まあ、それがやっと商工会議所の乾杯でサントリーも使ってもらえるようになりました。宴会でもパーティーでも、僕はうちの商品のCMソングを歌ってます。社長でも自分とこの会社のCMソングを歌えん人なんていっぱいおるでしょう。でも僕はおっちょこちょいですから、平気で歌ってます。だが、そのおっちょこちょいのところがいいんじゃないかと自分ではそう思うてます」

インタビューの際、話がCMソングになったら、「ちょっとやってみましょうか」と立ち上がった。おもむろにアメリカ西部のカウボーイが着けるようなベルトを取り出した。ベルトに革製のスリッパがはさんである。ベルトは特製で社長室に常備してある。

彼がラジカセのスイッチを押したら、六〇年代に流行《はや》ったテレビ映画「ローハイド」のテーマが流れ出した。彼はごにょごにょ歌ったかと思うと、カウボーイが馬に鞭《むち》を当てる効果音と合わせて、「バシーン」とスリッパで机を叩いた。

「ビールはサントリーでっせ」

そう言って笑いかけた。寡占《かせん》のビール業界に挑むのは大変な苦労だったろう。自らスリッパを鳴らしながら、販売の先頭に立った。現在、同社のビールが先行した三社を侵食しつつあるのは彼の大きな決断の結果だ。

オーナー会社のいいところ、悪いところ

彼にインタビューした一九九五年、初めて「先生」と呼ばれた。

「野地先生、ご本は拝読しております」

最初の本『キャンティ物語』を出した後だったけれど、まさかサントリーのトップが若造の本を読んでいるなんてことは想像していなかった。だが、会長室に招かれて、「ほんとに読んでる」と確信した。

大きなデスクには一〇〇冊以上もの本が乱雑に積み重なっていて、ドイツ語の原書から若者向け雑誌まであった。『キャンティ物語』の単行本が一番上に置いてあっ

て、ページが開かれていた。芸が細かいのである。

私はこれまでに何十人もの経営者に会ったことがあるけれど、あれほど雑多な本を大量に積み上げて読んでいたのは彼だけだ。同時に、あれほど整理されていない会長室を見たのも、最初で最後だった。それから一年後、ふたたび佐治にインタビューした。

作家の山口瞳さんが亡くなった直後でもあったから、「開高(健)も山口も先に逝きやがって」と涙もろくなっていた。そして、「今は絵を描いている」とイーゼルに掛かった風景画を見せてくれた。なかなかビジネスのインタビューに入らなくて、じりじりしたことを覚えている。

私は「オーナー会社のいいところと悪いところ」を訊ねた。彼はすぐさま「オーナー会社に悪いところは何もありません」と胸を張った。

次に「イギリスのビクトリア女王は『君臨すれども統治せず』と言っています。サントリーの場合、鳥井家はどうなんですか」と聞いたら、すごく嬉しそうな顔で答えた。

「それは、決まっとる。『君臨しつつ統治する』だな」

それからは事業の話ではなく、オーナー企業がやるべきことについて、語り始めた。それがサントリー美術館、サントリーホールなどの文化事業だったのである。佐治にとって大きな決断の三つ目はビジネスではなく、文化事業をやること、やり続けることだった。

「文化」こそ、本物でなければ

彼は文化事業についてはこう言っていた。

「こういうところがオーナー企業の良いところです。文化文化と言うけれど、社長がコロコロ変わる会社は美術館なんて造れんでしょう。いまや世の中ではオーナー企業や同族企業なんてのは非難の対象になってますけれど、志とか夢を継続的に実現できるのは、そりゃ、オーナー企業だからですよ。

美術とか音楽も昔からやってきたから、やっとうちの特色になってきているんで

サントリーホールのオープニングセレモニーでパイプオルガンのAの音を出す佐治氏

す。酒と文化が一体化しているように見えるかもしれません(笑)」

サントリー美術館は、一九六一年、東京・丸の内に開館、七五年には赤坂見附に移転、二〇〇七年に現在の東京ミッドタウンに移り、開館している。

サントリーホールは一九八六年の開館で、二〇一七年には三〇周年を機にリニューアルした。どちらも佐治敬三が始めたものだ。彼が言ったとおり、オーナー企業でかつ、志と夢のある人間でなければ美術や音楽に金をかけようとは思わないだろう。

彼は見栄で文化を理解していたわけではない。クラシック音楽が好きな人だった。私はサントリーホールに行くと、必ず彼に出会った。片隅の席でじっと演奏に聴き入っている姿を見た。館のロビーやラウンジで同社の社員に指示したり、怒ったりしていたこともあった。

サントリー美術館では本人に出会ったことはなかったが、会長室のデスクには美術館のカタログが全巻、置いてあった。

文化事業をやることは「会社のイメージを向上させるため」と建前では言っていた。けれど、本当のところは人生が仕事だけじゃ面白くないと思ったから、音楽や美術に金を使ったのだろう。それも大金を使った。

サントリー美術館には国宝を買い入れ、サントリーホールにはパイプオルガンを設置した。佐治は本物が好きだった。ウイスキーもビールも本物でなければならないのだから、美術も音楽も本物だけを愛した。

私にも「文化こそ本物でなければあかん」と語っている。そして、「人間は面白くなきゃいかん」とも言っていた。

「いまマルチメディアとかの美術館もありますが、私にはつまらんですね。コンピューター映像とか、何とかリアリティーとか言ってますが、オリジナルの芸術でなく編集したものですから（注　当時はほとんどそういうものだった）。

いま、うちの会社は開高がおったころのようなシャープな面白さを追求する気風が衰えてますな。これは社会全体が悪しき官僚化に陥っているせいやと思う。大企業になればなるほど優等生で、しかも官僚的なやつがエラくなっとる。うちでも若い人と話をすると優秀な人ほど考え方が官僚的や。話してもおもろない。受け答えはできるが、肝心の人間の面白さがないからあんまり仕事はできません。

つまり、人間が面白くないと酒は売れん、会社も儲からんということですな」

そう言って、わっはっはと哄笑《こうしょう》し、その後、小さな声で「おもろない人生はつまらんでしょ」と続けた。

才能を素直にみて**決断**する

特徴のある人間が、
特徴のある製品をつくる

ソニー 創業者

盛田昭夫《もりたあきお》

徹頭徹尾「独自性」にこだわり、
ソニーを世界ブランドへと導いた盛田昭夫
飛躍を決定づけた「決断の瞬間」にせまる——

決断のよりどころになった「才能を見いだす力」

ソニーの創業者、盛田昭夫の自宅に招かれたことがある。本人はすでに亡くなっていたが、伴侶の良子は健在だった。それより以前のこと、良子にインタビューしたことがあって、「遊びに来ない？」と誘われたのである。盛田家は目黒区の高級住宅街にあった。個人住宅としては大きな家だったけれど、他を圧するほどではなかった。その辺りには盛田家よりもはるかに敷地の広い家がいくつもあったのである。

自宅に飾ってあったものは故人と世界のセレブとの写真、そしてサインだった。あらゆる部屋に写真立てがあり、盛田とセレブの笑顔があった。とりわけ枚数が多かったのが、指揮者のカラヤンとマイケル・ジャクソンである。

写真を指さしながら、良子は説明をした。

「日本に来たら、マイケルは必ずうちに寄って、食事をしたり、音楽を聴いたり……。主人はマイケルが大好きでした」

「盛田さんはマイケルのどこが好きだったのでしょうか？」

「そりゃ、もちろん才能よ」

聞いてみると、盛田は次のように話していたという。

――マイケルはそれまでのシンガーとは違って、歌う、作詞作曲するだけにとどまらず、自分で振り付けを考えて、誰よりも上手に踊ることができる。そういう才能は彼しか持っていない。

「スリラー」のＰＶ（一九八三年）が出たとき、盛田は六二歳（一九二一年生まれ）。大正生まれの人間でも、マイケル・ジャクソンの踊りの才能をきちんと評価できたのである。

盛田の特筆すべきところは、「他人への評価」であり、「他人から才能を見いだす」ところにあった。出自、国籍、学歴などにとらわれずに、人間の才能を素直に見ることができた。

盛田昭夫という人物の本質とはそこにあり、「人間を信じる」こと、「人間の才能を愛する」ところから、いくつもの大きな決断が生まれている。

「ウォークマン®」はなぜ、成功したのか？

ソニーの「ウォークマン®」は創業者の井深大《いぶかまさる》と盛田昭夫の発案で生まれた。部下たちが反対するなか、両経営者はリリースを決意、盛田は大衆へのセールスマンまで買って出た。その結果、ウォークマン®はこれまで世界で五億台近く出荷されている。

「屋外で音楽を聴く、という新しいライフスタイルを創り出したウォークマン®は、八〇年代のソニー黄金期をけん引した」

ウォークマン®についての記述をネットで調べると、こうした文章がいくつも出てくる。

ソニーが出した製品の中で、もっとも同社らしいといわれたヒット商品だが、作詞家の秋元康はウォークマン®について、こんなことを語っている。

「ウォークマン®がヒットしたのは録音できないから。また、録音できないことをちゃんと主張したから」

井深と盛田がウォークマン®を発想して、作らせたとき、社内のスタッフは「録音できないカセットレコーダーなんて、売れるはずがない」と反対し、録音機能を付けようと提案した。

却下したのは盛田である。

「ウォークマン®はステレオをパーソナルなものにするための製品だ。音がいいこと、軽くすること、かけ心地のいいヘッドホンがあればそれでいい。すべてにわたって優れている必要はない」

あらゆる特性をすべて備えた重量感のあるカセットレコーダーにしてしまったら、ウォークマン®は失敗していただろう。盛田は八方美人の製品よりも、一つの特徴にこだわる製品こそ、ソニーらしいものとわかっていた。彼は人間に対してだけでなく、製品についても、本質を評価し、それをアピールして売り込んだ。

ウォークマン®発売よりも十数年前、盛田は評論家の大宅壮一《おおやそういち》との対談で、大宅が語った「ひとつのことを掘り下げる」点について、大いに賛同している。ソニー

1960年、ソニー入社試験面接の模様。もう一人の創業者、井深大氏（左）と盛田氏

の社員は八方美人な才能ではなく、ひとつのことに優れていてほしいと語っている。才能を愛する盛田ならではの言葉だ。

大宅　徳富蘇峰《とくとみそほう》はジャーナリストの条件として、エブリシングについてサムシングを知っていなくてはならない。そして、同時にサムシングすなわち自分の得意とする面についてはエブリシングを知っていなくてはならない、と言ってますが……。

盛田　それです、それです。それなんですよ。（略）ひとつでも自分の特徴がなければいかん。私は入社試験の面接で、『あなたの特徴はなんですか?』と聞くんです。ところが言下に『私はこういう特徴があります』と言える人は少ないですよ。自分の特徴も売り込めない人が、セールスに行って、他人の作ったものをうまく売り込めるはずがない、と言うんですがね」

〝とんがった会社〟にするための「採用論」

一九九一年、ソニーは「学歴不問採用」を打ち出した。大学名を履歴書に書かなくとも、就社試験を受けることができるという意味で、学歴がない人が有利というわけではない。今、同社の幹部の中でも、これ以降に採用されている人間は多いはずだ。一時は「ソニーは死んだ」とまで言われ不振が続いたけれど、二〇一七年には大きく業績をアップさせた。学歴不問採用の効果とも言えるだろうか……。

盛田が残した決断のうちでも、学歴不問採用は大きなものだった。そもそもこの採用に至る前、『学歴無用論』(一九六六年、文藝春秋)という本を出し、そこに意見を載せている。

「その人が、どの大学で何を勉強してきたかは、あくまでもその人が身につけたひとつの資産であって、その資産をどのように使いこなして、どれだけ社会に貢献するかは、それ以後の本人の努力によるものであり、その度合いと実績とによって、その人の評価が決められるべきである」

「大学で教えている専門の学問が、どの程度まで企業の要求するものに役立つか、はなはだ疑問であるし、実際、学校では秀才だった者が必ずしも社会の俊才になるとは限らないのも、事実である」（いずれも同書から）

これを読むと、盛田は大学を否定しているのではなく、学歴よりも「特徴（才能）を持て」と言っていることがわかる。盛田はマイケル・ジャクソンのようなミュージシャンだけでなく、自社の社員にも特徴（才能）を要求したのである。

大宅壮一との対談でも、こう語っている。

「学校の成績は、全課目おなじようにできることがいいとしているようですね。ところがうちの会社としてはそうじゃない。すべてのものができるよりも、ひとつの特徴を持っているほうがいいんです。よく『私は意見が違うからソニー辞めます』という社員がいるんですがね。トンでもない、だからこそ、社にいてもらいたい、と私は言うんです。みんながおなじ意見だったら、大勢の社員がいる必要はない。（略）だから、うちの社は、それぞれ特徴を持ったやつがいいわけです」

経営者の決断の瞬間とは、えてして経営上の問題、財務や新製品の発売についてだと思ってしまう。しかし、盛田昭夫の場合はそれよりもっと根本的なことを最初から決断していた。

「特徴のある人間が集まって、特徴のある製品を出す」

今も昔もソニーとはそういう会社だ。そして、特徴のあるとんがった会社にしたことが、彼のもっとも大きな決断だった。

「私が下したなかでいちばんよかった決断」

二番目の決断の瞬間は広く知られている。それは本人自身が「人生でもっとも大きな決断だった」と繰り返し語っているからだ。

ソニーの前身、東京通信工業が設立されたのは敗戦の翌年、一九四六年だ。九年後、同社は日本初のトランジスタラジオを発売。同時に製品すべてに「ＳＯＮＹ」というロゴマークを入れた。

五七年には「ワイシャツのポケットに入る」ポケッタブルラジオ「ＴＲ‐63」を開発する。世界に対して「ＳＯＮＹ」が知られるようになったのはこのＴＲ‐63が大ヒットしたからであり、翌五八年に同社は東証一部に上場している。

もっとも、このラジオができた当時、大きさは「ポケッタブル」ではなかった。ポケットよりほんの少し大きなサイズだったのである。一計を案じた盛田は自社のセールスマン用に、普通よりも胸ポケットのサイズが大きな特注シャツを用意して、それを着用させ、ポケッタブルに仕立て上げたのである。

ポケッタブルラジオがアメリカのマーケットを制圧する少し前のこと、ニューヨークにいた盛田は、まだ試作機段階だった「ＴＲ‐52」のセールスに歩いていた。だが、一九五〇年代のアメリカは当時の自動車を見ればわかるように、「大きなもの」が好きな消費者であふれていたのである。せっかくの小型ラジオも反応はよくなかった。

ただ、一社だけ「一〇万個、発注します」と言ってきたところがあった。格式ある時計会社のブローバである。

盛田は一瞬、「やった」と思ったのだが、ブローバの仕入れ担当者は、「ある条件」を付け加えた。

「ラジオにブローバの商標を付けてほしい」

担当者は続けた。

「わが社は五〇年も続いてきた有名な会社なんですよ。あなたの会社のブランドはアメリカでは誰も知らない。わが社のブランドを利用しない手はない」

盛田はすぐに返事をせず、東京にいた幹部たちと街角の公衆電話で話し合った。幹部たちはブローバの担当者の言うとおりだと同意し、「その注文を受けろ」と言った。だが盛田だけは断固、反対で、その理由をあれこれ話しているうちに手持ちのコインがなくなってしまう。そこで、彼はブローバの仕入れ担当者に「申し訳ないが売ることはできない」と断りを入れた。

後のインタビューでこう語っている。

「これは非常に重要な決断だったんです。（略）私は、ソニーのブランド以外では製品は売らないと主張しました。品質が高いという評判をソニーはつくりあげなければならなかったのですよ。（略）私が下した決断で一番よかったのがこれでしたね」

盛田が好んで語ったあるエピソード

一九六一年、都内のある菓子店が堂々と「ソニー・チョコレート」と名付けた商品を販売した。盛田はすぐに不正競争防止法違反だとして提訴した。解決まで四年の時間を要したが、菓子店は商号の使用をやめ、チョコレートの販売も中止した。盛田は自分が確立したブランドを守るためであれば、ちょっとしたことでも見逃さなかったのである。

彼が守ったソニーブランドだが、実は不振だった時代でも価値は衰えていなかった。

さまざまな調査があるけれど、ソニーに対する信頼は海外では不変のものがある。そんな彼がブランドを語る際、気に入って紹介していたエピソードがある。

これもまた、ニューヨークでのことだった。人気になっていたポケッタブルラジオ四〇〇〇個が倉庫から盗まれたことがあった。ソニーにとっては災難だ。ただ、その倉庫には商売敵のラジオもまた在庫されていたのである。泥棒はソニーの製品だけを盗んでいき、競争相手のラジオはそのまま残されていた。

「泥棒はソニー以外の商品には手も触れなかった」

アメリカのメディアはこのことを大々的に報じた。盛田は自ら下した大きな決断よりも、こちらの方のエピソードを好んでいたふしがある。関係者のなかには、本人がこの話を楽しそうに語ったのを覚えている人がいるからだ。

ソニーに限らず、ブランドとは背景にさまざまな物語がひそんでいる。盛田が非凡だったのは自らの言葉で、自慢話ではなく、ソニーブランドについて、語ることができた点だろう。

1957年、「世界ブランド」の足がかりとなった大ヒット商品、ポケッタブルラジオ「ＴR-63」の空輸の模様

盛田昭夫

〔ソニー 創業者〕

才能を素直にみて決断する

すべての**決断**は生産性の向上を目指す

「主婦の視点がいつも念頭にあった」

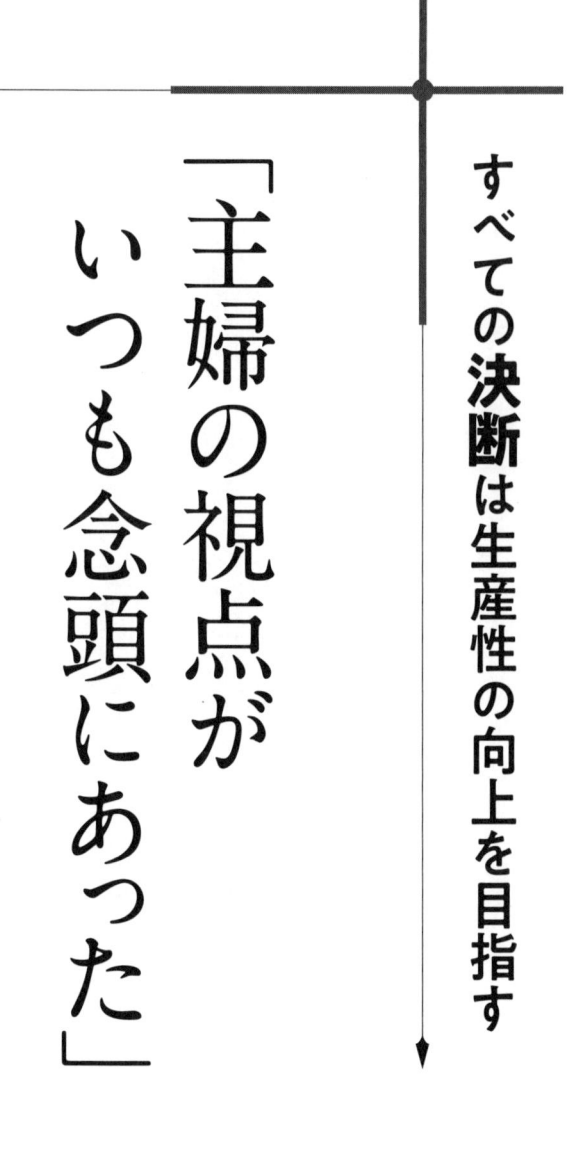

小倉昌男

〔ヤマト運輸 元社長〕

すべての決断は生産性の向上を目指す

ヤマト運輸 元社長

小《お》倉《ぐら》昌《まさ》男《お》

今や、生活に欠かすことのできない「宅急便」
その生みの親であり、
旧態依然とした運送業界の在り方を
一変させてしまったのが小倉昌男である
希代のイノベーターが直面した
「決断の瞬間」にせまる——

宅急便発明につながる二つのヒント

一九七六年に始まった宅急便は戦後日本における革命的商品だ。

よく覚えているけれど、宅急便以前の時代、個人から個人へ荷物を送ろうと思ったら、方法はほぼ三つしかなかった。

一つはお中元、お歳暮の時期に百貨店で商品を買って、送ってもらうこと。それ以外の時期でも百貨店で買えば相手宅に送るサービスはあった。

次の手段は郵便小包である。ただし、重量は六キロまでで、しかも、郵便局に持って行かなくてはならなかった。

最後が「チッキ」。鉄道を利用する運送のことで、重量は三〇キロまで送ることができた。ただし、受取人は駅に取りに行かなければならない。私は佐賀県から上京してきた大学の同級生のために高円寺駅までふとんと鍋、ご飯茶碗などの家財道具を受け取りに行ったことがある。雨の日だった。自家用車で高円寺駅に行ったら、荷物の扱いが丁寧ではなかったから、ふとんは雨に濡れていたし、茶碗は割れていた。友人と私は濡れたふとんを自家用車の後部座席へ押し込んで、彼の下宿に向かった。四畳半の部屋に入ったら、ほんとに何もなかった。

「昨日までは、どうやって寝てたの？」

そう尋ねたら、友人は「洋服を身体に巻き付けて畳に転がって寝ていた」……。

個人が個人に対して、物を送るにはこうした手段しかなかった。不便な世の中だったのである。現在のように、ちょっとしたギフトを気軽に他人に送ることはなかったし、通販業も発達していなかった。

それを革命的に変えたのがヤマト運輸社長の小倉昌男だったのである。

彼は宅急便を次のように定義した。

「電話一本で集荷、一個でも家庭へ集荷に行く。翌日配達、運賃は安くて明瞭、荷造りが簡単」

従来の運送サービスとは格段に違い、宅急便は日本人の生活を変えた。ネット通販が急速に普及したのはインターネットの発達だけではなく、宅配便という生活イ

1976年1月20日に宅急便が始まった。そのサービス告知のために最初につくったチラシ

ンフラが日本に根付いていたからだ。

小倉本人は宅急便を考えるうえで、ふたつのヒントがあったと自著に記している。

ひとつは吉野家が牛丼という単品メニューに絞り込んでいることだ。

個人間の荷物運送でも、何でもかんでも配達することはできない。いちいち、荷物の規格を測って、その場で現金を収受していたら、運送効率が落ちる。

現在、ホームページには「60サ

イズ～160サイズ（縦・横・高さの合計が160㎝以内、かつ重さが25㎏まで）のお荷物を送るのに最適です」とある（取材当時）。

個人の荷物を規格化したことが小倉の発明であり決断だった。

もうひとつは日本航空が売り出した旅行商品である。飛行機代、ホテル代、観光旅行をセットにしてパッケージ売りしたこと。

宅急便の場合も家庭まで受け取りに行き、荷造りのための包装材も売り、届け先まで安全に運んだ。物を送りたい人が気軽に利用できるパッケージ・サービスにしたのである。

「利用者の立場で」「主婦の視点」

ただし、私は思うけれど、吉野家もJALパックもあくまで些細なヒントにすぎなかったのではないか。

宅急便は小倉が脳髄を絞って考えたサービスで、小倉が一番大切にしたのは「主婦の視点」だったと思える。

「宅急便の商品化計画でもっとも重視したのは『利用者の立場でものを考える』ということだった。主婦の視点がいつも念頭にあった」（『経営はロマンだ！』日経ビジネス人文庫）

宅急便が革命的な商品だという理由はここにある。小倉昌男は主婦の視点に立って宅急便という商品を突き詰めたため、「サービス、接客」という付加価値が足された。それまでの運送業者にとって「客」とは、すなわち荷主《にぬし》だった。運送業者が直接、金をもらう相手は荷主、つまり、商品を発送する側の企業である。運送業者が頭を下げるのは荷主であり、届けた先の消費者に対して、丁寧に接することはほとんどなかった。

たとえば、冒頭に書いた「チッキ」の話だけれど、ふとんを渡してくれた高円寺駅の駅員が「ありがとうございました」なんてことはまったく言わなかった。

今は違ってきているけれど、かつては郵便物、郵便小包を運んできた配達員でも、届け先が客だという意識は持っていなかった。

ところが、宅急便が始まってからは徐々にではあるが、運送業者に、荷主も客だけれど、届け先もまた客だという意識が芽生えてきた。

届け先が客だと思えば荷物を蹴ったり、どすんと落としたりはしなくなる。

小倉昌男が「主婦の視点」に立つまで、届け先の個人を接客の対象と考えた運送業の経営者はまずいなかったのである。

小倉は主婦の視点に立って商品開発を続けたから、クール宅急便が出てきたし、再配達することは当たり前のサービスになった。宅急便という商品を革命的にしたのは受取人を客と設定したことだ。

目指したのは、運送業界の生産性向上

彼の著書を丹念に読むと、宅急便という新しい商品を生む決断は生産性の向上からきているように思われる。彼は宅急便を始める一六年前から同社の営業部長として、生産性の向上に取り組んでいたのである。

小倉の人生最大の決断の瞬間とは、宅急便を始めたことではない。運送業の生

1976年3月から放送されたアニメーションによる最初のテレビCM。放送直後から問い合わせが殺到、大きな追い風になった

産性の向上を思いついて実行したことだ。そして、それに導かれるままに宅急便に結びついていった。

まず、気づいたのは個数の多い大口の荷物を運ぶよりも、一個口の荷物を集めて運ぶ方が儲かるということだ。大口の荷物を出す荷主は「個数をたくさん出すから安くしてくれ」とディスカウントを要求する。しかし、一個だけを送る客はそんなことは言わない。

また、季節商品に頼ることは

生産性の向上にはならない。百貨店の中元、歳暮がいい例だけれど、繁忙期とそれ以外の季節で荷物の個数が違ってくると、人員の手配にムダが生まれてしまう。つまり、どうしても繁忙期に合わせて人を集めてしまうから、それ以外の時期には仕事を待つ「手待ち」が生まれるのである。

小口で個人間の運送商品である宅急便は生産性の向上に役立つ商品だった。

なおも小倉は生産性向上のためにさまざまな手を打った。トレーラーを導入して車両の稼働率を上げた。ドライバーが東京、大阪を通して走っていたのを浜松で乗り継ぎ交替にした。東京からのドライバーは浜松で出会い、大阪からのトレーラーをけん引して東京へ戻るようにした。ドライバーの労働時間を短縮したのである。また、バラ積みから箱型のロールボックスパレットに入れて積載する方式に変換して積み下ろしの時間を効率化した。

こうした生産性向上のさまざまな施策を行った延長線上に小口荷物にして利益を増大し、さらに仕事の平準化を図った宅急便が生まれている。生産性向上でムダを排して上がった利益は、商品の価格を抑制することやドライバーの報酬アップに振り向けた。

宅急便という商品は生産性向上を追求して考えられた商品であり、小倉の決断の瞬間とは生産性の向上を意識したときだった。

マーケティング、業態、全員経営

小倉はさまざまな知識を学ぶと決断し、学ぶと同時に、果断に、実行に移した。常に新知識を吸収し、それを自分なりに咀嚼《そしゃく》して経営に生かした。

彼が学んだ新知識に、「マーケティング」「業態」「全員経営」がある。

宅急便を始めた翌年のことだった。小倉は全国運輸事業研究協議会という業界団体を立ち上げた。業界の若手経営者とともに新しい経営手法を勉強するための組織で、年に一回の講演と討議が主な活動の場だった。

著書『小倉昌男　経営学』(日経BP社)に、次のように記している。

「(経営研究集会)その中で、その後の私の経営観に影響を与えた講演が三つあった」

同じ本のなかにこうある。

「それまで運輸業界で市場とかマーケティングという言葉を聞くことはなかった。この業界では、需要者である荷主を大事にすることだけが強調され、いわば荷主に隷属的な関係にあるのが普通であった」

業界の常識に縛られていたが疑問を感じてもいた小倉が注目したのが講演で聞いたマーケティングという概念である。

「市場で消費者が何を求めているか、それを知るためにマーケティングが行われ、それを受けて商品化、マーチャンダイジングが行われる。営業活動の中核はマーケティングだから、運送業界にマーケティングという考え方がないのは、外から見て非常におかしいと思う」（同書）

ここにあるように、この言葉を胸に刻むまで、小倉自身も荷主の元へ足を運ぶことだけが営業と考えていた。しかし、これ以後、本当の客は「これまではヤマト運輸を利用していないけれど、どこかへ荷物を送りたい人」ではないかと考えるようになる。そうして、マーケティングの結果、生まれたマーチャンダイジング商品が宅急便だった。

「いつもご利用ありがとうございます」

彼は「業態」という言葉を知ったことも忘れていない。

「流通業界は、戦後、スーパーマーケットをはじめ新しい企業が続々と生まれ、大きく発展してきた。このため、今や小売業という言葉ひとつではくくり切れないほど、多種多様な企業が群立し、年々変貌を遂げてきている。キーワードは『業態』である」(同書)

同じ研究会のなかの講演で、業態という言葉を聞いた小倉は得心し、そして、考えた。

宅急便は便利さ、サービスのよさを大切にしよう。こうして、ヤマト運輸はそれまでの運送業の商品とはまったく違う宅急便を売り出した。結果として、小倉は運送業界で「宅配便業」という新しい業態を創出した。すると、今度は同業他社が追いかけて参入してきたのである。

「宅急便は儲かる」ともくろんだ同業他社はクロネコヤマトの宅急便ブランドを真似して、ペリカン、ダックスフンド、カンガルーなどのキャラクター商標を作って宅配便マーケットに進出し、世間から「動物戦争」とも揶揄された。ただし、一時は三五社にもなったが、現在はほぼ残っていない。

途中参入してきた他社は小倉のようにマーケティングもせず、新業態を作ったというプライドも持っていなかった。

ヒット商品の上っ面《うわつら》を真似しただけでは商売はうまくいかないという典型が同業他社の参入だった。

小倉が感銘を受けた三つ目の新知識が「全員経営」という言葉だった。

「経営の目的や目標を明確にしたうえで、仕事のやり方を細かく規定せずに社員に任せ、自分の仕事を責任を持って遂行してもらうこと」

現在、多くの会社の経営者がこれと同じことを主張している。

いわく、「経営者の目線で仕事にあたれ」「全員が経営者だ」……。

ただ、いずれの会社も単なるスローガンとしてこの言葉を使っているのではない

宅急便集配車開発プロジェクトで、試作品の中に入って視察する小倉氏。最初の試作品は解体した廃車とベニヤ板で作られた

1927年、制服姿の運転手たち。当時のトラック業界では類を見ない制服制帽を導入したのは、会社の看板を背負っていることを自覚させるためのものでもあった

か。その点、小倉は現実主義者だった。

「社長の持っている情報と同じ情報を従業員に与えれば、従業員は社長と同じように考え行動するはず」

そう考えて、経営の目標を明確に示し、従業員に情報を与え、第一線の従業員が判断できるようにした。

その証拠が宅急便の配達員のあいさつにあると思う。現在、どこの家にも郵便局、宅急便を始めとしてさまざまな配達員がやってくる。ネット通販が自社の物流ネットワークを作ってから、配達員の数、種類も増えた。

しかし……。「いつもご利用ありがとうございます」と必ずあいさつする配達員は宅急便だけだ。他社の人たちは「はい、荷物はこれです」「ハンコかサインもらえますか」がほとんどだ。これは、「自分は最前線で客と相対している」と経営者的な自覚があるからだ。

小倉昌男の経営の特質とは勉強すること、勉強したことを確実に実行する力にある。

不正義を見過ごすことはできない

また、彼の決断で特筆すべきはふたつの闘いだ。

ひとつは大口の取引先、三越との取引をやめたこと、もう一つは監督官庁である運輸省(現・国土交通省)との闘いである。

個性的なカリスマ経営者であれば、政府や監督官庁に苦言を呈するくらいはやるだろう。しかし、小倉のように、監督官庁に対して裁判を提起したり、事務次官を激怒させたりはしていない。

ヤマト運輸にとって三越は創業以来の大口荷主だった。お中元、お歳暮に限らず、百貨店が発送する荷物を半世紀以上も愚直に届けていたのである。ところが、岡田茂(三越社長、在任一九七二～八二)が社長になってから、三越はヤマト運輸をはじめ、出入りする業者に無理難題を押し付けるようになった。

ヤマト運輸で言えば、配送料金の値下げ強要、配送センターに出入りするトラックからの駐車料徴収から始まり、三越で売っている商品の購入奨励……。その他、別荘地を買えと言ってきたり、海外ツアーへの参加を強制した。つまり、業者いじめである。

三越の要求に黙って従っているうち、ヤマト運輸は取引で年間一億円もの赤字が出るようになり、社長だった小倉は役員会に諮り、さらに組合にも伝えて、恩人でもある三越との取引をやめた。

その後、岡田茂は解任され、背任で逮捕される。ヤマト運輸は大口取引先を諦めたが、宅急便が伸びたことで、会社の成長は止まらなかった。

結果は万々歳なのだが、岡田茂が解任される前、ヤマト運輸と同じ立場にあった業者が三越との取引をやめたという事実はない。いじめられた業者は数多かったが、彼だけは不正義を見過ごすことができなかったのだろう。

「路線免許」をめぐる前代未聞の行政訴訟

小倉は不正義もさることながら、官僚体質も嫌った。失点を恐れるあまり、つね

❶ 1984年1月、国道20号線の路線免許に関する公聴会で冒頭陳述を行う小倉氏。「宅急便は、全国ネットワークを完成することによって利用者のニーズを満足させることができる」と主張するなど、3時間に及ぶ応酬が繰り広げられた

❷ その結果、運輸省は同年5月、申請通り認可した。8月に甲府主管支店がオープンすると、その日だけで744個もの荷物が集まった。大半は名産の桃やブドウだったという

に前例を踏襲し、現状を変えようとしない官僚の仕事のやり方に敢然と立ち向かった。

宅急便事業が黒字化した一九八〇年、ヤマト運輸は山梨路線への路線トラック免許を申請した。路線を走るトラックは当時、免許制だったのである。

監督官庁の運輸省は地元業者がヤマト運輸の路線参入を嫌がっていることを知り、免許の申請書類をたなざらしにした。申請を却下するのでもなく、かといってOKするわけでもない。行政判断というよりも、監督下にある業者が自主的に撤退するよう仕向けたのである。

ヤマト運輸以外の運送業者であれば、そして、小倉以外の経営者であれば、黙って引き下がっただろう。しかし、小倉は闘いを選んだ。監督官庁の運輸省を相手に行政訴訟を起こした。ただし、実際には裁判にならなかった。裁判が始まると無責任な行為の事実が表ざたになると思ったのか、運輸省はすぐに路線免許を出したのである。

小倉の完勝だった。

その後、八三年、小倉は消費者のニーズに合わせた宅急便の新サイズ商品を売り出すことにした。そして、運輸省に新運賃の認可を申請する。しかし、当初は「認可する」と言っておきながら、正式に書類を出したら、申請書を受理しなかった。

怒った小倉は世論を味方につけるために新聞紙上に「運輸省の認可が遅れているために発売を延期せざるを得なくなりました」と広告を出した。

広告を見た運輸省の事務次官で、後に最後の国鉄総裁になる杉浦喬也《すぎうらたかや》はヤマト運輸と小倉に激怒したと伝えられている。

しかし、規制緩和の世論に押され、運輸省は宅急便の運賃申請を受け入れ、認可する。

このときもまた小倉の勝ちだった。官僚との闘いについて、彼はこう総括している。

「私の経験からすると、役人は『弱きを挫き、強きを助ける』性格がある。だから、役人と交渉するときは下手《したて》に出たらダメだ。論理的に武装し、強気で立ち向かう必要がある。最善策は裁判で黒白をはっきりさせることである」

官僚に限らず、民間会社でも官僚化した組織はある。官僚化した組織に属する人間は権威を振りかざす。

私は小倉がとりわけ剛直なタイプの人間だったとは思わない。その後、障がい者にちゃんとした報酬を払うための起業をしたことにも現れているように、やさしい心情の持ち主だったのだろう。やさしい人間だったけれど、しかし、不正義と権威を振りかざす人間に対しての怒りは強かった。彼の闘いは弱い立場の個人にとっては恰好の見本だ。弱い立場の個人でも、気をしっかり持てば、不正義と官僚体質には勝つことができるのだから。

スワンベーカリーの挑戦

「1998年6月。スワンベーカリー第1号店である銀座店のオープンからスワンははじまりました。現在では直営5店、フランチャイズ店25店を軸に350名以上の障がい者が、経済的な自立と社会参加をはたしています」（取材当時）

1998年にオープンしたスワンベーカリー1号店。以来、障がい者が自立するための職場のモデルとして注目を集める

ここにあるのは焼き立てのパンを売るチェーン、スワンベーカリーの説明文（公式HP）だ。店舗は日本だけではなく、ベトナムにもある。

スワンベーカリーを作ったのはむろん小倉だ。現在、スワンベーカリーはヤマトホールディングスの特例子会社になっている。

同ベーカリーを作る前、彼は障がい者の自立を目指すために全国で無料セミナーを開き、講師として登壇した。障がい者がマーケットで売れる「商品」を作り、生活できることを考えるセミナーだった。

福祉の世界では、障がい者が「作業」をしてもらう給与額はひと月一万円が相場だった。そのことに憤慨したので、障がい者にひと月一〇万円以上を払える企業を始めることにした。

助力を申し出たのは「アンデルセン」「リトルマーメイド」を全国展開しているタカキベーカリー。こうして、障がい者を雇用するスワンベーカリーが始まったのである。スワンベーカリーの成功とは同チェーンが一軒だけに終わらず、二〇年以上も持続し、さらに成長していることだろう。全国に展開しているのみならず、海外へも進出している障がい者雇用の企業はまずない(取材当時)。

調べてみると、小倉が始めた行動は彼自身が突発的に動いたのではなく、元からヤマト運輸に根づいていた「世のため、人のため」という企業体質から来ていたとわかる。

戦前の一九四〇年、小倉の父親で創業者の小倉康臣《やすおみ》は静岡の大火災に際して、トラック五〇台の復興救援隊を送り込んでいる。

2011年、東日本大震災の被災地・岩手県陸前高田市を走る宅急便トラック。
まさに「世のため、人のため」の実践がそこにあった

小倉の時代になってからも災害に対して、ヤマト運輸は「世のため、人のため」の取り組みをしている。

八二年、九州北西部の七月豪雨では被災地あての宅急便料金を半額にしている。

八四年、長野県西部地震では対策本部あての宅急便料金を無料にした。支援物資をタダで運んだということになる。

その後も災害ごとに無料配送、寄付、社員のボランティア活動を行っているが、特筆すべきは

二〇一一年の東日本大震災の復興支援だろう。

ヤマト運輸は「東日本大震災　生活・産業基盤復興再生募金」として宅急便一個につき、一〇円の寄付をした。総額は一四二億七四二六万円。これはその前年の同社の利益の四割にあたる額だった。運送会社の寄付金額としては空前だろう。

「ネコの耳」の不在連絡票

もう一つ、地味な取り組みだけれど、ヤマト運輸がやっていることがある。宅急便の不在連絡票をもらったことのある人は多いだろう。だが、連絡票の中央部、両サイドに「ネコの耳」と呼ばれる三角の切れ込みが入っていることを知る人は少ない。むろん、私も知らなかった。

なぜ、切れ込みを入れたかと言えば、触っただけで、それが「宅急便の不在連絡票」だと認識できるからだ。

「ネコの耳」は、ひとりの視力の弱い社員が考えたことで、「目の不自由な方が手にしただけで不在の連絡票だとわかる」ために提案したという。この取り組みは一九九七年に始まっている。

「ネコの耳」はスワンベーカリーへ結びつく、気づきだ。

世の中の数多《あまた》の経営者は寄付をする。寄付をしない人間の方が多いのだから、寄付をしただけでも立派だ。

だが、ヤマト運輸と小倉の寄付は持続的だ。その場限りの思い付きではない。一度の寄付ではなく、庶民や弱者が生活を持続できるようなアイデアと金の使い方をしている。

現在、物流業ではドライバーの人員が足りないことが問題になっている。再配達の依頼も多く、運送の現場にいる人たちは疲弊している。それでもヤマト運輸は荷物を玄関先などに置いていく配達(置き配)はやらない(取材当時。現在は受取人の希望がある場合のみ対応)。

それは小倉が大切にしていた主婦の目線、利用者の目線に立てば誰もが欲していないとわかるからだ。また、目の不自由な人、障がい者にとって、置き配は困るだ置き配業者は置いた場所をスマホの写真に撮って届け先に送るのだが、目の不自由な人は写真を送られても困るだけだ。

ヤマト運輸に限らず、すべての宅配便に携わる人たちにはいつまでも、小倉が決断した弱者への応援を心に刻んでほしいと願う。それは絶対に忘れてほしくないことだからだ。

「信用」で**決断**する

仕事で大切なこと、それは信用だ

写真提供 東洋経済/アフロ

日本マクドナルド 創業経営者

藤田《ふじた》田《でん》

日本マクドナルドの創業や、貿易商・藤田商店の
起業など辣腕をふるった藤田田
孫正義にも多大な影響を与えた経営者の
「決断の瞬間」にせまる——

マクドナルドという決断

藤田田は日本マクドナルドの創業経営者だ。それだけではない。日本人にファーストフードとしてのハンバーガーを教えた先駆者でもある。

彼の決断とはなんといっても銀座三越の一階に第一号店をオープンしたことだろう。

第一号店は開店とともに若者をはじめとする客が押し寄せ、大成功だった。しかし、翌日の毎日新聞にはこんな記事が載った。

「インスタントラーメンでさえ、関東、関西で味が違うという〝味〟にうるさい日本人に、はたしてこのアメリカ的〝味〟の押しつけが受けるかどうか――。(略)日本人の感覚だと『郷に入れば郷に従え』で、どこも同じ味ではどうみても食欲がわかない気がするのだが……。とはいってもコーラの前例もある」(一九七一年七月二一日)

このとき、藤田田は四五歳だった。同じ年、藤田は総理大臣、佐藤栄作(安倍晋三前首相の大叔父）からこんなことを訊ねられた。

「藤田君、ハンバーガーというのはシュウマイみたいなものか」

それくらい、日本におけるハンバーガーの認知度は低かった。不毛の地だった日本に、種を蒔き、水をやり、縄文文化以来の米食民族をハンバーガー消費大国にしたのが彼、藤田田だ。

GHQで通訳のアルバイト

一九二六年、藤田は大阪の千里山に生まれた。父は外資系企業に勤める電気技師、母は教育熱心なクリスチャン。

「田《でん》」という変わった名前は母親がつけた。息子が敬虔なクリスチャンになるように、言葉を発する「口」という字の中に「十」字架を加えたのだという。

旧制北野中学、旧制松江高校という名門校を経て、戦後の四八年、東京大学法学部に入学する。

高校、大学で同窓だった友人によれば、「高校のときも大学のときも頭は抜群に良かった。秀才というより、発想に優れた天才だったが、受験勉強とか学校秀才を徹底的に馬鹿にしていたから周囲からは敬遠されていた」。

藤田は当時のことをこう言っていた。

「東大の法学部とは天下の英才が雲霞のごとく集まっているところに違いない、一生懸命勉強しないと置いてけぼりを食っちゃう。つまり、若き日の私はガリ勉のオタクだったわけだ。

ところが入ってみたらバカと変態性欲の集まりでね。子どものころから勉強ばかりしていて女の顔も見たことないから、マスターベーションの話をしてる奴ばかり。そういうのがみんな高級官僚になったり、大企業に進んだ。まともな奴はひとりもいなかった……。だが、向こうも僕のことを変人だと思っただろうが。

学校にいてもつまらんから、マッカーサーの司令部へ行って、雇ってくれないかと頼んだんだ。採用試験があって、それで下士官や兵隊相手の通訳になった。

今の大蔵省(現・財務省)のビルは当時ファイナンスビルといってね。部屋代の節約と英語の勉強のために、僕はビルの地下に寝泊まりして軍曹や伍長の通訳を三年間やった。学校へは行かなかったが、成績は良かったよ。卒業のころには大蔵省から入省通知も来たくらいだ。

しかし、もし入っていたら、三日でクビだったな。公務員というのは前例のないことはやりたがらないが、僕は前例があることはやりたくないんだから。それにそこにも変態性欲者がいるから、そいつらにクビにされたに決まってる」

東大卒という肩書

平凡を嫌い、俗人を馬鹿にする傾向のある彼にとっては東大法学部は面白味のないところだったが、しかし、退学する気もなかった。

東大というパスポートの重みは現在とはまったく違った。自分自身に実力がつき、東大卒の肩書が必要なくなるまで、とりあえず持っていても悪くはないと計算したのだろう。

この辺り、ずる賢いとも表現できるし、また、懐の深い冷徹な考えを持つ大人とも形容できる。

そんな彼を変えていったのがＧＨＱで触れたアメリカの文化だった。ハンバーガー、コンビーフ、コーラ、クリームソーダといった食文化、冷蔵庫、タイプライター、大きなアメ車といった豊かな物質文化、そしてキリスト教文化……。

敗戦を経験した二三歳の藤田青年にとっては、じかに触れたアメリカとアメリカ人は魅力的だったのである。

「ＧＨＱで働いていたころには、アメリカは第二次大戦を終え、徴兵制から志願兵制度に変わっていた。

テレビや映画で見るアメリカ兵はみんな紳士だが、実際の志願兵はとんでもない奴らだ。だって、志願兵の仕事とは要は人殺しだから、金もなく生活も貧しい、地方のアメリカ人がなるものなんだよ。可哀相に仕事がないから兵隊に行くしかないんだ。

『良鉄は釘にせず。つまり、いい人間は兵隊にならない』という中国の諺どおり、僕が通訳してた当時の米軍の兵隊や下士官はひどかった。とにかく字を書けるのがいなかったね。僕の仕事はとりあえずあいつらのママに書く手紙の代筆だった。『ディア、マザー。自分はジョンだけど元気にやってます。日本は戦争に負けた国で非常に哀れな国だけど、日本の女は素晴らしい……』とか何とか書くわけだ。それで返事が来るとまた僕が読んでやる。すると兵隊は『ママー』と叫んでおいおい泣き出す……。

文字は読めないし、酒を飲むと人を殴ったり蹴ったり、朝から喧嘩ばかりして程度の低い奴らなんだが、しかし、そいつらがまさに我々を負かした相手なんだよ。それを考えると負けた我々は何とつまらない存在かと思った。国家とか軍事についていろいろと思索を深めたねえ、あのころは。

そのうち、朝鮮戦争が始まってさ、兵隊たちはコリアの前線へ追いやられた。大っぴらには言わないが、あの当時のアメリカ軍は兵隊をランク付けしてたんだ。仕事しない、素行が悪いといった最低ランクから、優秀なのまでＡＢＣ順に分けてた。それで程度の悪いのから前線に送って、質のいいのは最後まで残す。

『明日、コリア行け』と指差された男は真っ青になって、一晩中、嫌だ嫌だと泣くんだ。朝になってもまだ『行くのは嫌だあー』とベッドにしがみついて離れない。それをみんなで無理やりトラックに乗せて連れていく。

情けない奴らだ、日本人なら覚悟を決めて行くのになと憮然として見てたら、横にいたアメリカ人将校はニヤリと笑いながら傲然と言った。

『すなわち民族の浄化だ。こうすると合法的に程度の悪いのから始末できる』と。

あのとき、わかった。本当の戦争の話とはこういうもんだと。政府とか軍隊の美辞麗句なんて絶対に信用しちゃいかん。嘘ばっかりだ」

在学中に会社設立

東大在学中だった二四歳のとき、通訳をやりながら、貿易商社「藤田商店」を設立する。主な仕事は米軍のＰＸ（軍の売店）に雑貨や食料品を卸すことだった。

創業のきっかけはひとりのユダヤ人軍曹との出会いだった。ユダヤ人軍曹は機転の利く藤田をかわいがり、商売のコツを教えた。

卒業するころには藤田も「大企業に入って見栄を張るよりも金を儲ける」ことが人生の目標となっており、就職しようという気は消え失せていた。

「親しくしてたウイルキンソンという軍曹がいてね、下士官なのに将校よりいい服を着て、いい車に乗って、下北沢に大きな家を構えて、べっぴんの女まで囲ってた。他の兵隊に『どうしてだ?』と聞いたら、あいつはジューだから金貸しで儲けてる、と眉をひそめる。

僕は本人のところにジューってのは何だと聞きに行ったんだ。すると『ジューとはユダヤ人だ。俺たちは神に選ばれた優秀な民族で、ジェンタイルはバカだ』ジェンタイルとはユダヤ人以外全員だから、僕ももちろんバカの中のひとりに入ってた(笑)。

ウイルキンソンはいつもノートに金額つけて給料日になると他の兵隊から集金する。金貸しで大切なのは『大金は貸さない』こと。一〇ドルか二〇ドルといった少額にすれば貸し倒れは少なくなる。手間はかかるがリスクも少ない。それがユダヤ人のビジネスの基本なんだ。彼らにとって一攫千金はビジネスじゃない。『あっちから100円、こっちから200円』とこつこつ集めるのがビジネスで、それだけは忘れるな、と仕込まれた。

また、少し後のことだが、藤田商店ではダイヤの輸入もやっていたんだ。あるとき、シカゴの『マッソーバーブラザーズ』というディーラーへ約束した時間に行ったら、一時間も待たされた。実はこれから結婚するというヤングカップルが来てダイヤを買いたいというので相手をしていたから遅くなった、申し訳ないと言う。

僕は、『あんた、そんなゴミみたいなダイヤを買う客を相手にするな』とつい口がすべった。

すると、『ミスターフジタ、あなた、そういう精神じゃ成功できない。小さなダイヤを一個買いに来た客をいかに大切にするかが成功するかしないかの別れ道なんだ。

そりゃヤングカップルだから今年は小さなダイヤかもしれない、しかし来年そのダイヤを原価で引き取ったら、彼らはほんの少し大きなのを買ってくれる。そして毎年、少しずつ大きなのを買ってくれるようになって何十年も経ったらずいぶんと大きなダイヤを買ってくれる。ビジネスというのは小さなことの積み重ねなんだ。いきなり満塁ホームランを打とうなんて発想が間違ってる』と、金貸しのウイルキンソンと同じことを言われた。

ウイルキンソンに会ってから僕は少額の積み重ねを大事にするようになった。マクドナルドもそうでしょう。ハンバーガー一つ売って一〇円、二〇円の商売をやってるんだから」

藤田商店

ユダヤの商法を見習い、藤田は貿易商としての仕事に打ち込んだ。扱い品は主に婦人向けの雑貨と宝石。「女と口」を狙うのが儲けるコツ、これまたユダヤ人から習ったことである。

クリスチャン・ディオールのハンドバッグ、スワロフスキーのクリスタルといったブランド物を初めて輸入したのも彼だ。

マクドナルド、玩具の小売である「トイザらス」、貸しビデオの「ブロックバスタービデオ」、ネクタイの小売り「タイラック」といった海外ビジネスを日本に紹介し、かつ経営者として腕を振るう、始まりは藤田商店だった。

そして、彼のビジネスには共通するテーゼがある。それは「勝てば官軍」というもの。

「敗者の美学」は文学の世界だけで、ビジネスの世界では百害あって一利なし。文学でメシは食えないし、金儲けはできない。

藤田は金儲けにまい進した。それも、死ぬまで、である。

「日本人は『金』といえばすぐ綺麗な金とか汚い金などといって金儲けを軽蔑する。しかし、資本主義社会では金がすべてで、金さえあれば人生の問題の九九％が解決する。

金銭に対して汚いという感想を持つのは、言い換えれば『法』を守っているかいないかという一種の倫理観からきているんだ。

けれども、その倫理観は法は完璧だという思い込みの上に成り立っているだけだよ。だって、法律とはどんなものでも人間が作ったものだから、万人に等しく適応して一〇〇％完璧ということは絶対にありえない。いかなる秀才が知恵を絞っても、完全な法律を作り、それですべての人間を規制することなんかできっこない。必ず規制できない穴がある。

アメリカではその穴をループホールと呼ぶ。ループホール専門の弁護士さえいるくらいだから合法なんだ。そしてアメリカ政府はループホールを突いてくる人間が多くなったら、また法を修正してゆく。この繰り返しだよ。アメリカ人は法を完璧だなんて思ってないんだ。

とにかく金銭に倫理観やイデオロギーを絡ませることなく、全力で金儲けに体当たりすること。それに尽きる。

『世の中で金と女は仇なり、早く仇に巡り合いたい』という戯れ歌があるが、誰でも本音は早く仇に巡り合いたいんだ。本当だ」

マクドナルドと契約した本当の話

藤田がマクドナルドの存在を知ったのは一九六七年、四一歳のときだった。マクドナルドは日本進出を考えていたのだが、当初、藤田は名乗りを上げるつもりはなかった。

そのころ、藤田商店で十分な利益を上げていたし、食品事業の経験もなかったので、ファストフードチェーンの経営に乗り出すつもりはなかったのである。それに彼の耳にはダイエーの中内㓛が権利を手に入れるだろうとの噂も入っていた。

しかし、シカゴでマクドナルドの創業者、レイ・クロックと出会ったことがその後の人生を変える。

「僕はハンバーガーが好きでこの仕事を始めたわけじゃない。好物はきつねうどんだもの。ハンバーガーよりうまいでしょう。

シカゴに行ったとき、レイ・クロックさんに会って、話をしていたら、突然、『フジタ、お前がこの仕事をやらないか』と誘われたんだ。

彼に『なぜ私にやれと言うのか』と尋ねたら、そこにあった箱いっぱいの名刺を指差す。そして『私はマクドナルドをやりたいという日本人には何百人も会った。しかし、みんなぼんくらばかりでどうしようもない。しかし、フジタ、お前はやれる』と言う。でも、僕は口に入れるものを扱ったことはないと断った。そしたら、いや、そんなことはどうでもいい。あんたは今まで会った日本人が持ってなかったものを持ってるという。

考えてみたら、それは僕が冗談ばかり言ってることなんだよ。外国人に言わせればほとんどの日本人はユーモアがない。外国人に冗談を言われても切り返せないから、すぐ怒るか、それとも緊張してしゃべれなくなってしまう。

クロックさんは『成功さえしてくれれば、後は何も望まない』とまで言ってくれた。しかし、それでも僕はまだ返事しないんだ。そこが普通の人と違うところだね。実に疑り深い性格をしている。

帰りにハワイに寄って、生まれて初めてハンバーガーを食べた。僕自身はおいしいとは思わなかったが、一緒に行った若い社員が『社長、こんなうまいもんおまへんで』と、ビッグマックを二つも食っちゃった。周りを見渡したら、その店は日系人の二世、三世でいっぱいなんだ。

よし、日本でハンバーガーを売れば必ず儲かると、やっとそのとき、確信した」

以上は藤田が表向きにした「なぜ、私がマクドナルドの権利を取れたか」である。

しかし、彼はわたしに「ほんとはね。クロックさん個人に金をあげると言ったんだ」。

レイ・クロックという人もまた一筋縄ではいかない男だ。藤田が言った「ほんとうのこと」が真実だろうとわたしは思う。というより、おそらくそれが正しい。

さて、マクドナルドは成功し、日本に根付いた。創立直後こそ、「猫の肉が入っている」といったデマを流されたりもしたが、ハンバーガーにJAS規格を導入し、製品表示することで雲散霧消させた。以後は順調に成長し、一九八二年には日本の外食産業でトップに立ち、そのままである。二〇〇三年、藤田はトップを退任した。

その後、一時の不調もあったが、日本マクドナルドはコロナ禍でも最高益を叩き出している。

晩年まで、彼は意欲的に仕事をした。しかし、彼個人に対するイメージは決して良くはない。「変人」「奇人」が定評で、「金、金、金の我利我利亡者」といったことを言う人もいる。顔を見るのも声を聞くのも嫌だという人間も少なくない。しかし、彼のキャラクターは善か悪かといった二面的なものではなく、遥かに複雑なものだ。

前述の高校時代からの友人は住友銀行の大阪本店部長代理時代に、藤田の担当をしていた新橋支店長から「頼む、東京に来てくれ」と依頼されたという。

新橋支店長は接待されることを嫌っていた藤田にどうしても食事をご馳走したかったのである。

高校時代の友人は打ち明け話をした。

「僕に頼まれたんじゃ仕方ないと言いながら、藤田は初めて銀行の接待に応じたんです。その席で藤田は『何かスポーツをやってるか』と尋ねてきた。僕がゴルフと答えたら、あの毒舌で『お前はアホとちゃうか』とこうきた。

それで、じゃお前は何かやってるのかと聞き返したら、胸を張って言うんだ。朝刊だけ新聞配達をやってる、と。あのころ、同じ年だから彼もすでに四〇歳を過ぎてましたよ。

それで、新聞配達には三つの得があるという。雨の日も風の日も走って配達するから体にいい。次に社会に奉仕しているという満足感がある。そして最後にゼニが入る。か弱い女性にクラブ担がせるゴルフなんてスポーツに金使うのは頭のいい人間のやることじゃない……。

彼らしいなと思ったが、たいていの人間は四〇歳を過ぎて新聞配達をやる社長を変わり者だと思うでしょうな。

しかし、話はこれからです。彼はそのアルバイト料を自分のポケットには入れずに、一緒に働いていたアルバイトの学生にあげてたんですよ。こんなことを知ってるのは彼の奥さんと私くらいでしょう。それを言ったら、照れ臭そうな顔して、俺は多少の金なんか貰ったら、確定申告で面倒なんだと言い、そして絶対に誰にも漏らすなと……。他人にいい人だと思われるのが嫌なんですな。結構、寄付もやってるんだが、それも表に出さない。

しかし、藤田も僕ももう七〇歳を越えてるでしょう。藤田が変人だとか守銭奴だとか悪口ばかり言われてそれで死んでしまったら、友人としては耐えられない。誰かがあいつの素顔も話してやらないと」

知的なマキャベッリ好き

彼のような枠にはまらないキャラクターの経営者は今までの日本では変人としか思われなかった。しかし、亡くなったことでもあり、そろそろ正確に語られてもいい時期だろう。

建前を述べることはないし、思っていることを正確に率直に言う。そして頭の良さは抜群だ。経済小説家が描く名経営者像とはかけ離れたハチャメチャなタイプだが、私は彼こそ世界の人々が喜んで話を聞きたくなる魅力的な日本人経営者だと思っている。しかも私が言うのもなんだけれど、彼ほど本を読む経営者は他にいない。サントリーの佐治敬三も大量の本を読んでいたが、負けず劣らずは藤田田だ。

社長室にはギリシャ、ローマの古典からマキャベッリなど思想家の著者、そして、漢籍が何十冊もあった。飾っていたのではなく、漢籍を机に座って読んでいたのも見た。しつこく言うけれど、本物の漢籍である。すべて漢字だけの本だ。それを漢和辞典と一緒に読んでいる人を私は初めて見た。後にも先にも藤田田だけである。

「もし、仕事で大切なことをひとつだけ挙げるとすればそれは信用だ。自分の言葉を通して自分の信用を確立することだ。

ユダヤ人は契約書なんか信じない。自分がこれと思った商売相手が『やります』と言ったら、それでいこう、すぐに仕事にかかれと言うだけだ。

日本人は信用が大切と言うわりに、たとえば契約書に判子がついてあっても『あれは俺じゃない。俺のいない間に副社長が勝子にやった、秘書がやった』とつまらん言い訳をする。一度口に出したことは守る。そして自分も歯を食いしばって信用を身につけるのが商売だ。

僕は二五歳から七〇過ぎまで毎月一〇万円の貯金をしてる。それが積もりに積もって二億八〇〇〇万円を超えた。今は一〇万円なんてのは僕にとってはピーナッツツみたいなもんだが、若いころの一〇万円は大金だった。それに四六年の間には子どもが学校に上がるとか家を建てたいとか何回も金を下ろしたいと思ったことはあった。

でも一度もそうはしなかった。

『この金を使うときは俺は終わりだ、これを使うときは俺が死ぬときだ』と自分に言い聞かせてきたから、結局使わなかった。それで何を得たかというと金が溜まっただけじゃなく銀行に信用ができたし、何よりも克己心がついた。金だけを考えるのなら、途中で預金を下ろして土地でも買ったほうが遥かに多くなった。しかし、そんな金よりも信用を持っていたほうが最後には儲かるんだ。金は大事だけれど、金よりも貴重なものはある。

僕は人生の問題の九九％は金で解決すると言ったが、後の一％は絶対に金では解決しない。その一％は信用とか精神とか思想とか宗教とか形にならないものだ。金は大事だが、無形の精神や形而上のものも大切にしなくてはね。

土井たか子さんとか大平正芳さんはリーダーでありクリスチャンでしょう。そういった人の人生は見事だよ。日本人は金とか現実的なことばかりでなく、精神とか宗教とか形而上のことを考えて人生を生きていかなくてはならない。僕は自分で大日本金儲け教教祖なんて言っとるから、まだいけないところが多いねえ。本当によくない。もっと反省して、そしてまたばりばり金儲けして生きていかにゃいかん。……うん、それじゃ全然反省になってないか」

わたしは経営者と個人的な付き合いをしたことはない。

食事をしたことがある人も少ない。ゴルフをしたことがある人も多くはない。でも、藤田田とは二回、食事をした。

「野地くん、話があるからめし食おぅ」と電話がかかってきたので、指定の料亭へ行った。高級料亭ではなく、座敷があるだけの普通の料理屋である。

先に着いた私がお茶を飲んでいたら、「やあ」と入ってきて、座るなり言った。

「ところで、野地くん、今日はどっちが払うの？」

わたしは「……」である。

「藤田さん、あなたが誘ったから、来たんですよ。しかも、『オレは金の使い道がなくて困る』って言っていたでしょう」

彼は笑った。

「ほーら、怒った。僕が『金を出せ』というと、諸君らは怒るわけだ。それはさておき、君、何を飲む。お茶なんて貧乏くさいもの、早く窓から捨てろ」

わたしは「ビール飲みます」とふてくされて言った。

今度は藤田が怒るのである。

「ダメだ。ビールなんか頼むな」

「どうしてですか？」

「いいか、ビールはバカになる」

「じゃあ、芋焼酎を頂戴します」

「ダメだ。焼酎を飲むと貧乏になる」

次は私が怒る番だ。

「じゃあ、いったい。何を飲め、と。あなた、好きなもの飲めって言ったでしょ」

彼はふたたび笑う。

「わかった、わかった。まあ、怒るな。怒ってばかりいるとバカになる」

ぽんぽんと手をたたくと、女将が出てきた。

「おい、女将、ここ、ブランデーある？　レミー、レミー・マルタン？」

女将は、ははーっと平伏した。

「社長。申し訳ありません。うちは日本酒と焼酎とビールしか置いてないんです」

じっと考え込みながら、「困ったな。飲むものないな。そんなことでいいのか、女将。一秒、考えさせてくれ」と言ったかと思ったら、すぐ「わかった。ビールを一杯だけ飲む。野地くん、それでいいな」……。

次いで、「女将、それとな、酒屋を叩き起こしてブランデー買ってこい」と一万円札を渡した。

あーあ、この人とめし食うと、疲れるなというのが感想だ。

ビールを飲みながら、どんな話だったかと言えば、趣旨は次の通り。

――野地くん、僕は金と縁がある人間を見分けるコツを知ってる。たとえば、孫くんだ。彼は高校生ながら、金と縁がある顔をしていた。僕のアドバイスがあったから、金を手にした。

一方、キミは金と縁がありそうな顔だけれど、職業が悪い。ライターという貧乏になるしかない職業を選んでいる。これは大失敗だ。だからね、金と縁がありそうな話、金が寄ってきたら、まず、僕に一報しなさい。ちゃんとビジネスにしてやるから……。

藤田田という経営者

結局、金の話は舞い込んでこなかったから、わたしから藤田さんに連絡をしたことはない。その後ももう一度、食事したけれど、それは徹頭徹尾、バカ話で、バカ話をさせたら、まことに上手な人だった。ブランデーとビール（結局はよく飲んでいた）を飲みながらの怪気炎そのもの。

「新幹線で大阪から東京に来るまでの間、食堂車に置いてあったウイスキーを全部飲んだことがある。あれ、一六本くらいだったかな」

「(愛人いるんですか?)」

ああ、もちろんだ。百人、いや、千人はいるかな。お前、信用してないな」

「うちの家内に毎月、二千万円使え、使わなくても税金で取られる。とにかく使えと言ったんだが、家内が泣いて謝るわけだ。

あなた、一か月はなんとか使いましたが、もう無理です。許してくださいだと」

ウイスキー一六本は嘘だろうし、愛人が百人というのも事実ではないに決まっている。奥さんの話もおそらくは……。

しかし、本当でも嘘でもどうでもいいくらい、人を話のなかに引きずり込む。しかも、決しておしゃべりの感じではない。真剣にかつ重々しく話す人なのである。

内容はともあれ、真剣に話をされると、引き込まれてしまう。

冗談を重々しく話す。表現には知的な単語をちりばめる。

このふたつはアメリカ人のビジネスパーソンに対しては効果的だったのではないか。藤田田はGHQの通訳をやっていたときに将校たちと話をして、知的なアメリカ人にウケる話術を磨いたのだろう。

「マクドナルドの会長を辞めた後の晩年は不遇」と書いてある資料も少なくない。しかし、彼は不遇ではなかったと思う。マクドナルドのビジネスは彼にとってはone of themだ。死ぬまで、金儲けについて、いろいろやっていたに違いない。しかし、もう、そのころには携帯に電話はかかってこなかった。

なつかしい人、かわいい人だった。

（『PRESIDENT』1997年7月号に掲載されたものを加筆修正）

既存のルールに捉われない**決断**を

人を採る前に、まず仕事をつくる

撮影 小川佳之

信越化学工業 会長

金川《かながわ》千尋《ちひろ》

信越化学工業を、
世界的な化学メーカーへと育てた金川千尋
たぐい稀な経営判断時の
「決断の瞬間」にせまる――

強固な自立心、国際人的性格

信越化学工業は地方のローカル企業のような社名だが、日本の化学メーカーでは時価総額ナンバーワンの企業である。グループ売り上げは一兆四四〇〇億円で、従業員数は二万名。無借金経営で手元に一兆円のキャッシュを保有している(取材当時)。同社の主力製品は住宅建材や上下水道のパイプに使う塩化ビニール樹脂、半導体の製造に欠かせないシリコンウエハーなどであり、ふたつとも世界シェア、トップである。信越化学は日本よりも、むしろ世界で知られる化学メーカーかもしれない。

同社を超優良企業に育てたのが現会長の金川千尋。社長に就任してから二八年間(取材当時)、経営の指揮を執《と》っている。

彼が決断した三つの経営判断が現在の信越化学を形づくった。

金川は一九二六年、日本統治下の朝鮮、大邱《テグ》で生まれた。六歳のとき、裁判官だった父を亡くし、その後は母親がひとりで男兄弟、四人を育てた。

彼は京城中学から内地の旧制第六高等学校（現・岡山大学）に進んだ。ひとりで船に乗り、内地にあった六高を受けにやってきた。あこがれの六高は自由な気風に包まれていて、金川にとって、戦争一色だった時代に人間の生き方を純粋に考える三年間となった。そして、敗戦。金川は父が学んだ東大法学部に進学し、またひとりで東京へ出てきた。

ここまでの彼の道のりを見ると、ひとりで何でもやっていくことのできる人だとわかる。かつ、少年時代から海を渡ることを何とも思わない国際人的な性格が読み取れる。このふたつの個性が信越化学に入ってから、海外との仕事を担当する際に役に立った。

また、やはり、彼の年代だと骨身にしみたのは敗戦の体験だろう。六高では暮らしていた寮が空襲で全焼。同部屋だった後輩は外出先で焼夷弾《しょういだん》の直撃に遭い、亡くなった。がれきのなか、金川は裸足で弔問に赴いた。すると、息子を失った両親が号泣している姿に出会った。

何を伝えていいのかわからない金川の口から出た言葉は「この敵《かたき》は必ず取ります」

ということだった。思えば、彼がビジネスの世界で必死に戦ってきたのは、焼け野原のなかで発した「敵を取る」という気持ちではなかったか。

「技術の輸出」ではなく「合弁で生産」を

一九五〇年、東大を出た金川は極東物産（現・三井物産）に入社する。戦前、三井物産は日本一の総合商社だったが、敗戦後ＧＨＱに解体された。金川が入ったのはそのうち主に食品を取り扱う商社だった。

だが、入社後、極東物産は旧三井物産系の商社と合併を繰り返した。五九年には旧三井物産系商社が大合同し、元の社名に。金川が在籍していた会社は常に吸収される側であり、悲哀を味わう。やがて、商品を売買するだけの仕事に満足できなくなり、自ら投資してモノを作る仕事に魅力を感じるようになる。そして、六二年、知り合いの紹介で信越化学に移った。金川千尋、三五歳。ここからがビジネス人生の本格的なスタートだった。

旧制高校時代はドイツ語を修め、終戦後は赤十字のアメリカ人から英語を学んだので、「国際的な仕事をやらせてください」と申し出たところ、快諾され、海外事業部の事業課に配属された。

彼は当時を回想する。

「信越化学は開放的な社風で、中途入社だからと言って不当な扱いを受けたことはありません。海外事業部で任された仕事は世界中を回って塩化ビニール樹脂の製造技術を売ることでした」

市場開拓のために、世界の国々へ営業に出かけた。フィリピン、インド、パキスタンからヨーロッパ、アメリカを回ったのを皮切りに、ポーランドや革命前のニカラグアにも出かけていった。

一九七四年、海外事業本部長になった彼の大きな決断はアメリカの塩ビパイプの大手メーカーであるロビンテック社との合弁事業だった。

「最初はロビンテックが『信越化学の塩ビ技術を買いたい』と言ってきたのです。私は入社して以来、塩ビ技術を売ってきました。しかし、そのころは技術を売ること

1974年に操業を開始したシンテックのフリーポート工場（米テキサス州）

に疑問を抱き始めていました。製造業にとって技術は生命線です。できれば技術だけ売るよりも、合弁で生産した方がいいのではないか、と考えるようになっていたのです」

金川はロビンテックのＣＥＯ、ブラッド・コーベットと交渉を重ね、技術の売却ではなく、合弁で生産する方向に話をまとめた。そうして設立された新会社がシンテックである。出資金は信越化学、ロビンテックともに二五〇万ドル。当時、日本のメーカーは海外に製品を輸出するのが主で、現地で生産する例は少なかった。日本メーカーの海外進出が本格化するのは自動車会社のホンダが現地生産を始める一九八〇年以降のことで、信越化学の決断は大きなバクチとも見られていたのである。

今の信越化学があるのは「小田切社長の決断のおかげ」

シンテックの社長は当初、コーベットが務め、金川は副社長だった。コーベットは心身ともエネルギーの塊で、非常に精力的なビジネスパーソンだった。やることが豪快で、思いついたらすぐに実行する。元々野球選手だったこともあって、ある日、大リーグのテキサス・レンジャーズを買収すると宣言し、本当に買ってしまった。

ところがシンテックがいざ操業を始めてほどなく塩ビの価格が急落し、コーベットが社長を務めていたロビンテック社の経営が思わしくなくなってきた。

コーベットは「シンテックの株式のうち、ロビンテックの持ち分を買ってくれ」と言ってきた。ロビンテックの持ち分を買い取ると、シンテックは信越化学の一〇〇％子会社になる。信越化学にとって決して悪い話ではない。ただし、問題は値段である。ロビンテックの希望した売却金額は、信越化学の購入希望額のほぼ倍であった。金川はコーベットとの交渉に臨んだ。コーベットはできるだけ高く売りたい。しかし、金川は正当な金額で譲り受けたい。さまざまな駆け引きがあり、交渉は難航した。また、信越化学でもシンテックの買収を危ぶむ声があった。

金川は言う。

「シンテックの完全子会社化には社内でも多くの異論がありました。しかし、社長だった小田切新太郎さんが『金川さんの決断を支持する』と言ってくださった。小田切さんは体を張ってご支援いただき、私を守ってくださったのです」

結局、信越化学が一〇〇〇万ドル(円換算で三〇億円)でコーベットの保有株を引き取ることで決着した。

「今見ると小さな額ですが、当時の信越化学の利益の二倍以上の額だったのです。また、シンテックの完全子会社化にあたり運転資金が必要となった際、日本の金融機関はすべて、親会社である信越化学の保証を条件としてきましたが、テキサス

1980年、ユーザーの工場を訪問する小田切元社長（右）と金川会長

コマース銀行だけが親会社の保証なしで融資してくれました。今のシンテックと信越化学があるのは、私の決断というより、当時の小田切社長、テキサスコマース銀行のCEOだったベン・ラブさんのおかげです」

そして、こう続ける。

「なんといっても、シンテックは成長しました。生産を始めたときは全米でもっとも規模が小さな塩ビメーカーでしたが、現在の生産能力は操業開始時の三〇倍に拡大し、世界一です。信越化学グループの連結経常利益の三分の一をシンテックが一社で稼ぎました。一四〇社あるグループ会社の中で、一番の孝行息子ですよ」

なぜ「定期採用」を見直したのか

一九九〇年、金川千尋は信越化学の社長に就任。三五歳で途中入社して二九年目のことである。社長になってすぐ、彼が手を付けたことは人事、とくに採用だった。

彼は回想する。

「定期採用を大きく見直しました。それまで毎年、六〇〇人近くを新卒採用していたのをほぼゼロにしたのです。最初は反対の声もありました。でも、『仕事もないのに、どうやって定年まで雇用するつもりなのか』と問うと、誰ひとり答えられない。常々、少数精鋭が経営の基本だと考えてきました。人は本当に必要なときに採ればいいんです。その代わり、いったん採用したら、大切に処遇する。私は一度も人員整理をしたことはありません。人員整理をしなかった実績が、経営陣と従業員との信頼関係につながっています。

昨年も採用したのだからという理由だけで何も考えることなく新卒採用をだらだらと続けていれば、結局は人員整理しなければならなくなり、会社も従業員も不幸になってしまいます」

現在、同社の大学以上の新卒採用は八〇人ほど。必要な人だけを採用する、という方針で、合理的な考え方を徹底している。

採用と同時に、社員研修の実行に関しても大きな決断をした。

「当社では大学の講義のような新入社員研修は行っていません」

では、何をしているかと言えば、受講者と金川との質疑応答による研修だ。社員教育をする会社に研修を委託するようなことはしていない。

「一例をあげれば入社式です。入社式では私(金川)や社長がだらだらと訓示したりはしません。入社式は最初の研修ですから、私が自ら新入社員の質問に丁寧に答えます」

入社式は新入社員が経営トップや先輩社員に初めて会う場だ。質問をするにはこれから働く会社のことを必死になって勉強して、質問を考えなければならない。自分の頭で考えることの大切さを理解すること、これこそが本当の研修だろう。

人を採る前に、まず仕事をつくる

同社では新入社員だけではなく、管理職の研修においても、金川をはじめとする経営トップとの質疑応答の時間をつくっている。真剣勝負の場で、ひとつの質問に対しての答えが一〇分、二〇分になることもある。

あるとき、金川は営業の管理職から「海外で売り上げを伸ばすにはどういった取り組みをすればいいでしょうか」という質問を受けた。

答えは次のようなものだった。

「営業の基本は、日本でも海外でも同じで、それは信頼関係を築くことです。

たとえば、私はこれまで四〇年以上、アメリカで仕事をしてきましたが、日本人だからということで嫌な思いをしたことは一度もありません。

入社式で、新入社員の質問に応じる金川会長

信越化学の塩ビ事業を担うアメリカのシンテックの社長として、正々堂々と戦ってきました。熾烈《しれつ》な競争が繰り広げられているアメリカの塩ビ業界で、お客様との信頼関係を築くことで、戦いに勝ち続けてきました。アメリカ人はフェアで、いいものはいい、悪いものは悪い、とはっきりしています。そして、信頼を築いたお客様から、シンテックの塩ビしか使わないとも言われました」

質問した管理職は、金川の答えに納得していた様子だったが、金

1981年、テキサス州から「名誉州民」の称号が贈られた

川はもうひとつ付け加えた。

「彼らと信頼を築くためには、アメリカ人の生活や考え方を理解しなければいけません。そして、そのための努力が必要です。

これはどこの国でも同じことです。私はアメリカに滞在している間は日本食を口にしないようにしてきました。日本食レストランに足を運ばず、アメリカ流の食事をしてきたのです。またアメリカ人のお客様との商談をするときはステーキハウスなど、先方が気に入る店を選びました。そういった気配りを忘れてはいけない」

金川は人を採る前に、まず仕事をつくることを考えている。そして、採用した以上は親身になって育てる。さらに、育った人材はひとり立ちさせる。海外の関係会社はできるだけ現地の人間に運営してもらう。たとえば、シンテックは五五〇人（取材当時）という少ない人数で世界シェアトップの塩ビ樹脂を生産し、少数精鋭で成長を実現している。

「一方的に言い聞かせることは教育でも研修でもありません。大切なのは自分の頭で考えること、自分で道を切り開くことです。それが人間にとっての成長につながります」

借金を全部返して設備投資の機会を逃さない

彼の長期にわたる経営スタイルを見ると、ふたつの特徴がある。

ひとつは仕事のムダを徹底的に省《はぶ》くこと。

まだ部長時代のことだ。当時の信越化学は借入金が多く、銀行に払う利息が社員の給与総額と同じくらいだったという。おかしなことだと思ったので、社長だった小田切新太郎に伝えた。

「借金を全部返したら、私たちの給料は倍になりませんか」

小田切は「そういうわけにもいきませんがね」と答えたそうだが、なんと無茶なことを言ってくるやつだと思ったのではないか。

社長になってからのエピソードもある。財務部門に二〇人もの社員がいたので、金川は部門長を呼び、「二人で十分じゃないか」と伝えた。

部門長は答えた。

「社長、取引銀行の数が多く、それぞれに担当者が必要なので、人を減らすのは無理です」

「そうか。では、取引銀行の数を減らせばいいのではないか。そうすれば人数は少なくていいはずだ」

金川にとっては至極もっともで理にかなったことだ。

「もっといいのは借金を全部返すことだ。そうすれば新しい投資をするときに、銀行の承認を得る必要がなくなる。設備投資の機会を逃すこともない」

同社は現在、無借金経営になった。銀行との付き合いがなくなったわけではないが、財務部門の人数も大幅に削減された。

合理化を行うとはこういうことだ。廊下の電気を消したり、トイレットペーパーを節約するといった思い付きのことではなく、惰性で続けてきた仕事に疑問を投げかけ、本当に必要な仕事かどうか、原点に戻って考える。従事する人数を見直して、どのセクションも少数精鋭にする。その結果として生産性も向上する。

新たな成長に向けてルイジアナ州へ集中投資

同社は事業のなかでも核になるものを選び、そこに投資を集中している。それが塩化ビニール樹脂(塩ビ)だ。世界シェアがナンバーワンの事業で、中核を担うのはアメリカにある子会社シンテックである。

シンテックはテキサスで塩ビの生産を始めてから、その後、世界の塩ビの需要の伸びを着実にとらえ成長を遂げた。新たに原料から塩ビまでの一貫生産工場を建設

ルイジアナ工場。日系企業ではアメリカで初となるエチレン工場の建設を進めている

するため、ルイジアナ州に大型投資をしている。

「ルイジアナは天然ガスが豊富で電力も安いんです。キロワットアワーあたりはだいたい、五円くらいになります。日本では一二～一三円はしますから競争力で大きな差があります。また、塩ビの原料は岩塩です。簡単に言えば、塩を電気分解して塩素をつくり、そこにエチレンを反応させることにより塩ビの原料となります。シンテックは、日系企業ではアメリカで初となるエチレン工場の建設をルイジアナ州で進めています。完成後はシンテックの一貫生産体制がより強固なものになります。
塩ビを原料からつくるためには、多額の投資が必要になります。エチレン工場には一四億ドル、今年七月に発表した塩から塩ビまでの一貫工場の新設には一五億ドルを投じます」

ちなみに、ルイジアナ州の主要都市はニューオーリンズ。同社が製造した塩ビはニューオーリンズ港やテキサス州のヒューストン港から中米、南米など七五カ国へ輸出している。シンテックの塩ビの年間生産能力は現在、二九五万トンで、その約半分は輸出用だ。日本の年間需要量が一〇〇万トンそこそこだから、同社の生産能力は日本の需要の約三倍。

アメリカ企業は国内に大きなマーケットがあるから、あまり輸出に積極的ではない。その点、シンテックは輸出でアメリカの貿易収支に貢献している。二〇一四年、オバマ米大統領(当時)はそのことを顕彰し、シンテックに「大統領〝E〟賞」を贈った。

「ルイジアナ工場は敷地も広いですよ。東京の千代田区、中央区、目黒区を合わせた面積とほぼ等しく、全体で一一〇〇万坪。環境保全も求められますので、製造設備に必要な敷地の面積よりもずっと広い土地を取得しました。環境に配慮することは企業の重要な責務ですからね」

ムダを省くことと選択と集中という、ふたつの経営施策が信越化学を無借金の優良企業にした。

同社は新興企業ではない。一〇〇年に近い歴史をもつ老舗だ。金川はシンテックで培った経営を時間をかけて信越化学グループに浸透させ、老舗メーカーの本質を変えたのである。

では、彼はここまで仕事で苦労を感じなかったのだろうか。

金川は「うーん、苦労ですか」と言って、首を振った。

「あまり苦労と感じたことはありません。なぜなら、仕事に苦労は付き物でしょう。何事にも挑戦するのが仕事というものじゃないでしょうか。苦労することなく仕事が順調に運ぶということはほとんどありませんでした。苦労と言えば毎日が苦労の連続です。でも、私は苦労や困難にひるんで、仕事を投げ出したことはありません。

私の部屋には日本海軍の連合艦隊司令長官だった山本五十六《いそろく》さんの写真が飾って

あるんです。山本長官は私が心から尊敬している方です。山本長官が私を見守ってくださり、励ましていただいていると思ってやってきました」

尊敬する山本五十六連合艦隊司令長官が揮毫《きごう》した掛け軸の横に立つ金川会長

ビジョンをもった**決断**が成功に導く

「僕がビジョンをもったのは五一歳のときだった」

川淵三郎

〔日本サッカー協会 相談役〕

ビジョンをもった決断が成功に導く

撮影 伊藤千晴

日本サッカー協会 相談役

川淵三郎《かわぶちさぶろう》

初代チェアマンとしてJリーグ誕生に貢献し、
プロバスケットボールBリーグ創設の立役者としても知られる〝川淵キャプテン〟
その人生における「決断の瞬間」にせまる——

突然、命じられた「子会社への出向」

チェアマン。英語の辞書を引くと「議長。会長。組織、団体の長」と出ている。しかし、今の日本人にとってチェアマンと聞くと、「Ｊリーグのトップのことでしょう」と答えるだろう。もしくは「川淵さんのこと?」と言うかもしれない。チェアマンという英語の教科書で習った単語を日常の言葉にしてしまったのが、Ｊリーグであり、川淵三郎だ。それくらい、プロサッカーは日本の日常に根づいたのである。

川淵三郎は一九三六年、大阪府に生まれた。早稲田大学在学時にサッカー日本代表に選出され、同大を卒業した後、古河電工(古河電気工業)に入社する。代表選手を続けながら仕事に励み、六四年の東京オリンピックに出場。フォワードとして対アルゼンチン戦で一得点を記録している。

八八年に日本サッカーリーグ(ＪＳＬ)の総務主事に就任し、プロ化をけん引する。九一年、Ｊリーグ初代チェアマン。その後、日本サッカー協会会長、現在は相談役。

近年はバスケットボールのプロリーグ、Bリーグの創設に関わったり、日本トップリーグ連携機構の会長として団体ボール競技の発展に力を尽くしている。国にスポーツ庁はあるけれど、日本全体のスポーツに関わる問題をすべてにおいて解決できる司令塔は彼だけだろう。

そんな川淵の人生における大きな決断は四つある。

最初の決断は、熱心に働き、結果も出していた古河電工から子会社への出向を命じられたとき。本人はインタビューで「左遷された」と話しているけれど、さまざまな記事にあたってみると、「左遷」というほどの過酷な人事ではない。支社の営業部長から子会社の役員への異動だから、降格ではないし、窓際に追いやられたわけでもない。彼自身は内心、次は本社の役員だと思っていたのが、子会社の役員を打診されたので、頭にきたというのが事実ではないか。

ただし早合点して退職したため、日本のサッカー界、スポーツ界は大きく変わることができた。ゴルフで言う「結果ＯＫ」というのが、このときの決断だった。

会社の名刺がなければ僕は何もできない……

本人はこう言っている。

「自分は会社員として結果を残していたし、会社に貢献したと思っていた。ところが五一歳のとき、古河電工の子会社へ取締役として出向しろという。今思えば会社員としては悪くない話だったかもしれない。けれども、当時は、会社は僕のことをわかってないと思ったし、サラリーマンとして先が見えたな、と。でも、考えてみれば会社はわかってくれないと文句言っても始まらないんですよ。サラリーマンなんて掃いて捨てるほどいるわけですからね。ただ、当時はそこまで冷静になれなかった。

自分を評価してくれない会社なんか辞めてやると思った。そのときですよ。実はショックだったのは。他の会社に売り込もうとしても、自分には何もなかった。会社の名刺がなければ何もできないんです。僕が幸運だったのは、そのときＪＳＬから話があって総務主事をやってくれないかと頼まれたこと。その話があってから、やっと冷静になって自分を見つめ直しました」

以後、彼は出向先の古河産業の仕事にも力を注ぎながら、アマチュアの全国リーグ、JSLの活性化に向けて行動を開始する。総務主事という役職はJSLの責任者だったから、全力で責務を果たした。

ただし、そのころのJSLは人気がなく、低迷していた。低迷状態から脱するためにJSL内では、「プロのリーグにしよう」との動きが始まっていた。ただし、本当にプロ化が実現できるかどうかは難しいとも見られていたのである。

川淵自身も「リーグがプロになったからといって成功するとは思えない」と懐疑的だった。選手もプロと言えるほどの実力はなく、芝生のスタジアムも数えるほど。試合をやっても競技場が満員になることはなく、「将来、サッカー選手になりたい」という子どもたちも今よりもはるかに少なかった。

それでも頑張った。最初の大仕事は、一九八九年のJSL読売クラブ対三菱重工、ヤマハ発動機対日産自動車のダブルヘッダーで国立競技場を満杯にすることだっ

1993年5月15日、Jリーグの開会を宣言する川淵チェアマン
(写真提供 J.LEAGUE/Getty Images)

た。お金がなかったから手紙による招待作戦を実行した。サッカー好きの明石家さんまにポスターのモデルになってもらったこともある。

本人はこう信じていた。

「最初、プロ化には懐疑的だったけどサッカーは世界で最も愛されているスポーツ。世界中の人が熱狂するスポーツなのだから、日本人だって好きになるに決まっている。そう思ってやっていた」

川淵が先頭になって取り組んだ結果、ＪＳＬの動員記録を二〇年

自ら揮毫《きごう》した書を掲げる。折に触れて「夢があるから強くなる」ことを訴え続けてきた（写真提供 JFA）

ぶりに更新した。しかし、スタジアムには弁当の包み紙やビニール袋が舞っていた。それを見て、選手だけでなく自分たち関係者も意識を変える必要があると悟った。そこから本腰を入れてプロ化をけん引する。

そして、九一年一一月一日、社団法人日本プロサッカーリーグ（Jリーグ）が設立することが決まり、川淵は古河電工を退職、初代チェアマンに就いた。

Jリーグ開幕を控えた前年の九二年には、Jリーグの前哨戦となるヤマザキナビスコカップを開催。同大会の平均入場者数は一一一一一人を記録し、川淵はプロリーグの成功を確信した。

そして、九三年五月一五日、Ｊリーグが始まった。

「Ｊリーグは今日、ここに大きな夢の実現に向かって、その第一歩を踏み出します。一九九三年五月一五日、Ｊリーグの開会を宣言します。Ｊリーグチェアマン川淵三郎」

ビジョンをもつのは何歳からでも遅くない

「僕がビジョンをもったのは思えば五一歳のときだった。それまで仕事をしながら目の前のことばかり考えていた。会社員としていい仕事がしたい、いいポジションにつきたい、それなりの給料をもらいながら働きたいと思っていた。そんな自分が子会社への出向を命じられて、大きなショックを受けた。それは自分自身が目の前のことだけを見ていて、ビジョンをもたずに働いていたからショックを受けたのです。

『何のために働くのか、自分は何のために生きているのか』

サッカーに人生を懸けようと決断をした後、初めてビジョンをもたなかったことに気づいた。

ただし、今になって思えばビジョンをもつのは何歳でも決して遅くないわけです。何歳からであっても、目標に向かってまい進し、没頭できるのであれば、遅すぎることはない。

そして、ビジョンと言うと大げさに思うかもしれないけれど、そんなことはないんです。大それた目標でなくともいい。こんなことができたら世の中のためになるなあという夢がビジョンです。僕のビジョンはサッカーを活性化して人気スポーツにしたいと思っただけなんです」

川淵三郎にとって最初の大きな決断は定年まで待たずに会社を辞めたことだ。そして、決断から生まれたことは人生でビジョンをもつことの大切さだった。

「ナベツネ対チェアマン」「スポーツ業界の常識との闘い」

第二の決断は、一九九三年のＪリーグ発足の後に直面した問題である。それは読売新聞とプロ野球巨人軍のトップだった渡邉恒雄《わたなべつねお》主筆、通称〝ナベツネ〟との論争だった。

Ｊリーグは、参加クラブに対してチーム名から企業名を外し、［地域＋愛称］とすることを要請していた。だが、読売新聞が出資していたクラブだけは「読売ヴェルディ」と企業名を用い、同新聞系メディアだけはＳＮＳを含めてその名称で報道していたのである。

九四年には、ある祝賀会のスピーチで「川淵は独裁者だ」とも発言した。もっとも、当時の常識ではプロスポーツは企業の宣伝にすぎないもので、クラブの運営は企業がやるのが普通だった。川淵の真の論争相手は渡邉主筆ではなく、当時のスポーツ業界の常識だったのである。

三年目のシーズンが始まる前、Ｊリーグ規約の中に「法人名」と「チーム名」に加え、「呼称」を明記することが決まった。これにも渡邉主筆は「Ｊリーグ規約は憲法違反」、Ｊリーグの理念を「空疎《くうそ》な理念」と言い、さらに「川淵がいる限り、Ｊリーグはつぶれる」と攻撃した。論争を見ていたマスコミは、これは面白いニュースとばかりに「ナベツネ対チェアマン」の対立をあおった。

若いリーダーだった川淵にとって、言論界の大御所からのバッシングは強烈だった。普通の人間なら反論せずにじっと頭を低くして嵐が過ぎるのを待つだろう。しかし、敢然と反論することにした。

「あのころはまったく気が抜けなかった。何せ相手は、百戦錬磨の読売グループの渡邉主筆だ。こちらもきちんとした反論をしないとあっという間に負けてしまう。勉強し、必死で対抗しましたよ。

結果として、このときの論争はＪリーグの理念を明確にして、わかりやすく説明する訓練になりました。さまざまな番組にも呼んでもらい、Ｊリーグの理念を話す機会をもらったんです」

選手との距離が近く、熱狂的な応援で知られる柏レイソルのサポーター。かつて「サッカー不毛の地」といわれた日本にもその文化が根付いた
(写真提供 J.LEAGUE/Getty Images)

2007年12月、日本代表の監督就任会見を行う岡田武史氏(右)と川淵キャプテン。ことサッカーに関するあらゆる場所に、その姿があった(写真提供 JFA)

2016年9月22日、Bリーグ開幕戦試合後に挨拶する川淵三郎氏
（写真提供 B.LEAGUE）

川淵はプロスポーツリーグの方向として、企業運営からの脱皮、地域との密着しかないと考えていた。それをつねに主張していたのである。

後になって、Jリーグが理想とする地域スポーツの振興、地域に根ざしたスポーツクラブという概念はプロスポーツ界の常識となる。プロ野球でも、バスケットボールのBリーグでも地域密着をめざした。川淵はスポーツ業界の常識と闘い、それを覆すことができたのである。

渡邉さんとの論争で成長できた

川淵は二〇一八年に出した著書『黙ってられるか』のなかで、渡邉主筆と対談している。

本人はなぜ渡邉主筆と会いたかったかについて、こう言っている。

「いちばん会って話したい人といえば渡邉主筆です。かつてはマスコミから犬猿の仲と書かれたけれど、今になってみれば渡邉さんとの論争で成長できた。かけがえのない恩人なんです。何といっても渡邉さんはメディアのなかではトップ中のトップ、群を抜いた存在です。一方の僕はできたてのJリーグのチェアマン。渡邉さんから批判されたときには『参ったなあ』というのが率直な気持ちだった」

これに対して、渡邉はこんな感想を漏らしている。

「いや、実はあの『論争』では僕のほうこそ勝ち目はないと思っていました。僕はサッカーというものを見たこともやったこともない。そんな素人ですからね。(略)

もともと野球についても似たようなものでした。それでも野球の世界であれこれ言うことができたのは、野球協約についてはどのオーナーよりも徹底的に読み、研究してきたからです」

対して、川淵の意見。

「渡邉さんが勉強したとなると手ごわいですよ。回想録を読むと中学のときに読んだ哲学書として出隆《いでたかし》の『哲学以前』という書名が書いてあった。どんなものかと思って、買って読みましたがとてもじゃないが今の僕にも難しい。中学三年生でどうしてこんな難解なものが理解できるのか、頭の構造が全く違うんだなと思いました」

ふたりは和気あいあいと対談をした。渡邉はもともと川淵を憎んでいたわけではない。

さらに渡邉自身は対談の席上で「時代によって(プロスポーツの)原則は変わっています」とも発言している。

そして、主筆は対談の最後に川淵に檄《げき》を飛ばした。

「(川淵さんは)よき独裁者として振る舞って、(スポーツ界を)正しい方向に導かなければいけない。どこの世界にもリーダーは必要です。そして、リーダーは道徳を兼ね備えていなければならない。道徳がないリーダーはヒトラーになってしまう」

第二の決断はリーダーとして成長するために必要な決断だった。

一緒に努力してオリンピック種目に

二〇一八年の七月、競技麻雀のチーム対抗戦を行うプロリーグができた。麻雀のMをとって、Mリーグという。名付けたのは初代チェアマン、サイバーエージェント社長の藤田晋《すすむ》。川淵三郎は請われて同リーグ最高顧問に就任した。

Mリーグはプロスポーツとして麻雀を行う。チームに所属するプロ選手に対しては最低年俸が保証される一方、賭博行為への関与は固く禁じられ、仮に関与が確認された場合は解雇などの厳罰に処される。

リーグの開幕日は一八年一〇月一日だった。スポンサーには大和証券が名乗りを上げたので、名称は「大和証券Mリーグ」となった。

これまで麻雀といえばパチンコ、競馬と並ぶギャンブルと思われていたけれど、プロのプレーヤー同士が競技を行う健全なスポーツとして衣替えし、プロのリーグに進化したことになる。

ではMリーグの創設にどうして川淵が関わったのか。

本人はこう言う。

「サイバーエージェントの藤田さんにゴルフに誘われて、そのときに頼まれたんです。ああ、いいんじゃないか、と。eスポーツ（「エレクトロニック・スポーツ」の略）というのも盛んになってきているし、僕が後ろ盾になれば麻雀はスポーツだというイメージがつくでしょう。

『わかりました。一緒に努力して、麻雀をオリンピック種目にしましょう』と返事しました。それに、実際、僕は今でも週に一回、近所の人たちと麻雀を楽しんでいるんだ。麻雀は判断力、論理的思考能力が必要だし、認知症の防止にもぴったりのスポーツですよ」

彼の年代のビジネスマンはみんな麻雀で接待したり、懇親《こんしん》したりという経験があ

2018年7月に行われたMリーグ発足会見の様子。川淵・Mリーグ最高顧問の左隣は、初代チェアマンであり、サイバーエージェント社長の藤田晋氏
（写真提供 Mリーグ）

る。親しくしている藤田からの誘いだからではなく、麻雀が好きだからMリーグに力を貸すことにしたのだろう。

「嬉しかったのは、僕が顧問になると言ったとき、所属の選手たちが『やったー』とこぶしを突き上げたこと。自分たちのやっていることがスポーツだと確認することができたんだね。選手たちにそう思ってもらえれば本望です。

僕の目標は、もっともっと麻雀がスポーツとして盛んになること。そして、小学生、中学生、高校生がプレーしているのを父兄や先生が笑顔で見守るという風景が実現すること。そうなったら、ほんとにいいね」

彼に聞いてみた。

「バスケット、ホッケー、そして麻雀でもそうですけれど、川淵さんはこれまであまり顧みられることのなかったものに肩入れする侠気《おとこぎ》を持っているんじゃないですか。だから、つい、応援しちゃうのでは？」

彼は大きくうなずいた。

「ああ、そうだね、そうかもしれないね」

そして、続けた。

「順調なプレーヤーよりも、ケガをしたとか、長くやっているのに出番がなかった選手のことを忘れたことはない。いつも気にして見ているよ」

顧みられなかった選手たちに愛を

わたしは彼と何度も一緒にゴルフをしたことがある。彼はエイジシュート（自分の年齢以下のスコアで回ること）を九回も達成するほどの実力だから、つねに教えてもらっている。

だが、ゴルフという競技はどれほど上手なプレーヤーであっても、三ホールに一度くらいはトラブルに陥る。やっているプレーヤー本人は平静ではいられない。頭に血がのぼって、トラブルがトラブルを生む。泥沼に入ってしまう。

彼は同伴しているプレーヤーがトラブルに陥っていると、自分のプレーを中断して、必ず、見守る。しかし、その場で声をかけるわけではない。ただ、見守る。そして、同伴のプレーヤーがトラブルを乗り越えて、なんとか平静に戻ったところで、初めて声をかける。

「ああ、野地さん、あなた特有のゆったりしたスイングを取り戻したね。やっぱりこうじゃなけりゃ、ゴルフは面白くないよなあ」

自分がナイスショットをするよりも、一緒にプレーをする人間がいいゴルフをしたときのほうが嬉しいのだろう。極上の笑みを浮かべるのは自分が幸せになったときではなく、他人の喜びを見たときだ。

Jリーグ、Bリーグ、Mリーグなどの話をするときでも、彼が気にするのは競技団体のトップではない。これまであまり顧みられることのなかった選手の待遇、その後の人生である。

「僕は幼いときから仕切り屋ではあった。その半面、他人の気持ちを人一倍、気にする質《たち》でもある」

本人はそう振り返っている。そして、わたしはゴルフでトラブルに陥るたびに思う。

——うむ。わたしはこれまでゴルフをやっていて、顧みられたことはない。しかし、川淵さんだけは見ていてくれた。

決断にはスピードが求められる

日本でダメなら
アメリカがある！

日本電産 会長

永守重信《ながもりしげのぶ》

代名詞となったM＆Aを推し進め、
日本電産を一躍、世界トップの
総合モーターメーカーへと導いた永守重信
業界に数々のイノベーションを吹き込む
カリスマ経営者の「決断の瞬間」にせまる——

父親から教わった商売の基本

ハードディスク用モーター他、数多くのモーター製造で世界一のシェアを持っているのが日本電産だ。同社は自動車のＥＶ(電気自動車)化を見据えて、以前からパワーステアリング用モーターや、変速機用モーター等、車載用の高性能モーターを開発してきた。近年では駆動用モーターにも進出し、二〇三〇年の世界シェア四〇～四五％獲得を目標に掲げている。

創業者の永守重信は少し前まで「休むのは元旦の午前中だけ」を実践してきたハードワーカー。独自の経営哲学で会社を成長させ、部下を育ててきた不屈不絆《ふくつふはん》のベンチャー経営者である。

永守は一九四四年の八月、京都府乙訓《おとくに》郡向日《むこう》町大字物集女《もずめ》(現・向日市物集女町)に生まれた。敗戦のちょうど一年前である。六人兄姉弟の末っ子で、父親は農業の傍ら、育てた野菜を京都の市中に売りに出かける商いもやっていた。

だが、父親は彼が中学二年のときに亡くなってしまう。それでも永守は強烈に覚えていることがある。

父親に連れられて商いへ出かけたとき、野菜が売れ残った。

何人かの客が「負けてくれ」「サービスしてくれたら買う」と言ってきた。しかし、父親は一円たりとも値引きしなかった。そして、帰りには残った野菜を廃棄してしまう。

「捨てるくらいなら値引きしたらいいのに」

そう永守がつぶやいたら、父親は首を横に振った。

「駄目だ。いったん安くしたら、次からは値引きしないと買ってくれなくなる。だから、値を下げてはいけないんだ」

父親は売り手でありながら、客の立場に立って商品を見ていた。自分が客であれば値引きを迫ると洞察していたのである。

永守が父親から教わったのは、商売は客の立場に立って考えろということだろう。

彼は大学を出て技術者として世に出てからも技術や製品のことだけを考える男ではなかった。客のことを知り、客が欲しいものを、客が欲しい値段で作って売る技術者になった。

「海外での評価」が成長の突破口に

永守はその後、京都市立洛陽《らくよう》工業高校から職業訓練大学校（現・職業能力開発総合大学校）へ進み、首席で卒業する。当時、脚光を浴びていた音響機器メーカーのティアックに入社した。ティアックではテープレコーダー用のモーター開発が仕事だったが、働いているうちに「これからの時代は小型の精密モーターが伸びる」と考えた。なぜならテープレコーダーを作っているのはティアックだけではない。ソニー、オンキヨー、ヤマハといくつも会社があり、いずれも同じようなサイズのモーターを作っていた。早晩《そうばん》、テープレコーダー用モーターの市場は飽和するとわかっていたのである。それなのに、会社は新しい市場（精密小型モーターの市場）を開拓しようとはしない……。

七三年、永守は三人の仲間と一緒に日本電産をつくった。

「同族経営はやめよう」

「大企業の下請けはやめよう」

「世界に通用する技術を持とう」

これが経営の三原則だった。

プレハブ二階建ての一階が工場で、工作機械は旋盤《せんばん》と研磨機程度。永守は必死になって営業し、取引先候補の担当者を本社工場に連れて来た。しかし、工場の上に、大家が盛大に洗濯物を干している様子を見ると、担当者は「いいえ、やめておきます」と逃げ出してしまうのだった。

実績も社歴もない日本電産に仕事を発注してくれる会社はなく、この状況を打開しようと、国内の営業を三人に任せ、永守は単身アメリカを目指した。ニューヨークの空港から何社かに商談を申し込むと、現在は世界的化学・電気素材で知られる老舗メーカー3M(スリーエム)が応じてくれた。

3Mは「あなたが持ってきたサンプルのモーターですが、パワー、スピード、耐久性などを落とさずに小さくできますか」と投げかけた。永守はすかさず「三割、小型化できます」と返答。半年後、小型化した試作品を持って3Mに出かけていったと

1 1973年7月、京都市右京区（現・西京区）の桂川のほとりにある2階建て民家の1階部分を借りて、そこを「桂工場」とした
2 桂工場の前にて。前列左が永守会長（1973年）
3 創業後まもなく開発した第1号モーター「日本電気機器向け磁気ドラム用精密小型ACモーター」（1973年）

ころ、「素晴らしい」とほめられ、大量の受注に成功した。

以後、IBM、ゼロックス、後にM&Aの対象となるファンメーカーのトリン社といった大手企業に納入するようになった。すると、噂を聞いた日本国内のメーカーから「IBMと同じモーターが欲しい」といった注文が殺到してきたのである。永守は「なるほど」と、ある意味で感心した。

――日本人は権威が好きだ。海外で評価されたものが一番いいと思うんだ。遣唐使以来、海外のモノを偏重する日本人の精神構造はまったく変わっていない。

以後、日本電産は成長の波に乗った。

日本で相手にされなかった創業直後、すぐに気持ちを切り替えてアメリカを目指したことが永守のビジネス上の大きな決断だった。

会社はひとつの家、社員は大切な子ども

大手企業との取引が始まってから日本電産は順調に伸びていった。なんといっても、強い営業力、原価の低減を欠かさなかったこと、トップから新入社員に至るまで、猛烈に働いたことが成長の要因だろう。

だが、そのうちどれがいちばん大きな要因かと言えば、永守が胸いっぱいの愛を人事と教育に注いだことではないか。

まずは研修、人事教育だ。どこの会社でも研修はやっているけれど、同社がユニークだったのが新入社員研修の初日の冒頭に「退職願の書き方」を教えることだ。退職

願も満足に書けないようでは次の会社で日本電産は何を教えていたのかと笑われる、との理由である。そして集合教育では必ずマナー講習をやる。特に女性社員に対してはきめ細やかに教える。たとえ結婚して家庭に入ったとしても、「さすが日本電産に勤めていただけのことはある」と評価されるほどのものだという。

また、通常の研修に加えて自由参加のそれが毎年、五二週のうちの三五週も開かれていた。土日で行われ一泊二日だという。ここまで徹底した研修制度のある企業は他にないだろう。かつては採用試験もユニークだった。声が大きな者を採用した「大声試験」、スルメなど食べづらいものを他人よりも早く食べた者を採用した「早飯《はやめし》試験」、試験会場に早くやってきた者から採用した「先んずれば人を制す試験」……。

そういった採用試験を世間からは「不真面目だ」と批判されたこともあったが、永守は学校の成績だけで人を採用することに理不尽さを感じていたのである。その証拠に彼はこう言っている。

「学校の成績を度外視して採用するにはそれなりの勇気がいる。それでも磨きをかければ光り輝く石を探そうと、いろいろ知恵を絞り、工夫をして、日本電産独自の採用方法をつくりあげてきたのです」

研修、教育、採用など、同社のユニークな点を見ていくと、永守には経営者だけでなく、大きなファミリーの父親であり、かつ、教育者という顔があるように思える。

父親を早く亡くしたこともあって、理想の父親像を模索したのだろうか。

永守は自身の著書で、交通の便はいいけれど、雑然とした繁華街からオフィス街へ本社事務所を移転した理由について、こう語っている。

「(繁華街にいると)大切な女性社員が、周囲の環境に知らず知らずのうちに染まってしまったら、取り返しがつきません」

日本電産は大企業だけれど、永守はひとつの家とも考えているようだ。社員は彼の大切な子どもなのだろう。

重要なのは「買収」よりも「統合」

日本電産は一九七三年に創業してから、これまでに六〇社以上の会社を買収し、

1984年、トリン社買収契約調印の模様

そのすべてを成功に導いてきた。会社の買収件数だけならばベンチャー・ファンドはもっと買っているだろう。しかし、買収をすべて成功させているのは永守だけではないだろうか。日本電産は本体の精密小型モーターによるオーガニックな成長だけでなく、周辺事業に携わる会社を買収し、シナジー効果を活用して伸びている。買収よりも統合の名人なのである。

名人・永守は会社の買収、再建について、まずこのように語っている。

「M&Aというのは全体を一〇〇とすると、買収自体は二〇くらいなんですよ。残りの八〇はPMI(統合プロセス)。買収後の統合が重要なんです」

「（買収のポイントは？）僕の場合は技術力だね。その会社の技術力」

「たとえば、二〇一四年春にホンダからホンダエレシス（現・日本電産エレシス）という会社を買った。『ＥＣＵ』という電子制御回路の開発会社です。この技術を当社や、海外の車載用モーターと組み合わせれば、高付加価値モジュール製品として売れるようになる。（略）

エレシスにとっても、ホンダの傘下だと親会社にしか売れないけれど、うちに来たことでいろんな会社に販路を広げられるようになりました」

永守のＭ＆Ａに関するコンセプトはこの三つの発言に集約されている。

買収を行う際、彼の頭のなかにはすでに

2001年、ニューヨーク証券取引所上場当日、オープニングベルを鳴らす壇上に立つ永守氏

その後の成長ストーリーが描かれているのである。決して、投資会社がすすめたからとか、安く買えるからという理由で買うわけではない。

二番目は、シナジー効果のある会社を買うこと。単に技術の優位性があるというだけで会社を選んでいるのではなく、本体と合わせれば価値が何倍にもなる技術を持った会社を厳選している。

そして三番目、彼は大企業の傘下にある良質な製品を作っている会社に目をつける。

日本電産がこれまで買収した六〇以上の会社のなかには、ホンダ、日立といった大企業の傘下にあった会社が多い。

ホンダの傘下であれば、製品を納入できるのはホンダだけだ。しかし、日本電産の傘下に移れば、製品を他の自動車メーカーに売ることができる。ホンダだって買ってくれるだろう。一挙に販売先が広がるのだから売り上げ成長も見込める。

永守はそこまで考えていた。投資会社が買ったとしても、販路開拓力がなければ、そこからの成長は難しくなる。

買収をすべて成功に導いてきたのは、成長のポテンシャルがある会社しか買っていないからなのである。

スピードこそ武器「一年以内に黒字化」

また、M&Aにおいて永守が卓越しているのは企業の再建に「型」を作ったことだ。買収した会社の従業員を減らすことはなく、社長以下の役員もそのままにしておくのが彼のやり方だ。日本電産からは常駐の指揮官ひとりだけを派遣する。そして、永守は派遣した指揮官（実質の社長）にA3の紙一枚にまとめた「再建の指針」を渡す。指針を渡して、ひとことだけ付け加える。

「いいな、お前の役割は会社を一年以内に黒字化することだ」

派遣された指揮官は「永守さんは無茶なことを言う」と愚痴をこぼしたくなる。しかし、永守は動じない。それは「一年間で黒字になる会社」だけを買っているからだ。指揮官は何も考えずに、「再建の指針」に書いてある三〇項目の目標を達成すればいい。

書いてあることは意識改革、コストダウン、そして、売り上げの強化だ。指揮官は会社経営の経験がゼロでも十分に務まるのである。買収した赤字会社を黒字にするために永守が強調するのはふたつだけだ。

「赤字会社を黒字にするのは決して難しくはありません。固定費の多くを占める人件費見直し、といっても切り詰めるのではなく、出勤率を高めて、工場をきれいにするだけで赤字が黒字になります」

「最近わが社の傘下に入ったある会社と、日本電産の一番の違いはスピードです。（略）これ以外にほとんど問題点は見つかりません。高い技術力と優秀な人材、安定したマーケットも持っています。（略）

少し意識が低い社員、決断の遅い経営者がいただけで、赤字が一〇〇億円まで膨らんでしまったのです（だからスピードを持って決断をすればいい）」

新型コロナウイルスを収束させるのが早かった国の指導者は決断が早かった。企業の赤字は感染症の流行と一緒だ。決断を先延ばしにしたまま好景気が来るのを待っていても赤字は減らない。経営者の仕事は待つことではなく、決断して実行することだと永守は教えてくれる。

「原単位」を押さえないと経営はできない

「会社の経営を究極まで突き詰めていくと、実に単純明快な答えが導き出されます。それは、原理原則にしたがって、当たり前のことを当たり前にやっていくということで、これ以上でもなければ、これ以下でもありません。（略）メーカーにとって当たり前のことは、世の中で求められている品質のものをどこよりも安いコストで作ることです」

永守はこう語る。

では、具体的に彼はどうやったのか。どこよりも安いコストで作るにはどういったやりかたをするのか。

買収先に派遣された彼の元部下はこう記している。

永守は月に一度、買収した会社を訪ね、現場を見て、部下や再建会社の従業員と話し合った。あるとき、彼は派遣した再建担当者である部下の名刺を見て、こう訊ねた。

「両面印刷だな。カラーか。これ、二〇〇枚いくらで買っているんだ?」

部下は答えられない。総務に手配を任せきりだから名刺の値段など知るはずもない。その様子を見て永守は次から次へと訊ねる。

「そこにあるコピー機、A4一枚のコピー代はいくらだ?」

「あそこに見える工場、一キロワットあたり、電気代いくらだ?」

その後も質問は続くが部下の再建担当者は何ひとつ答えることができない。そんな様子を見て永守は次の言葉を発する。

「経営は原単位だぞ。原単位を押さえていないと経営はできないんだぞ」

この場合、原単位とはコストのことだ。それも名刺や紙といった事務用品だけを指しているのではない。永守は事務用品から工場への投資金額まで、ありとあらゆるコストを把握しておけと指導する。経営者であれば高額な投資金額は忘れない。しかし、大

イタリアの企業「ASI」（Ansaldo Sistemi Industriali S.p.A.）を視察する永守氏。2012年6月、同社を子会社化。社名を「Nidec ASI S.p.A.」に変え、現在は発電機、電子機器等の各種モーター、産業自動化システムのデザイン、製造、設置を行うトップ企業として成長している

きな視点も大切だが、同時にディテールをつかんでおかなければいけないということだ。

戦略の立案や高額投資は毎日の課題ではない。経営とは経済紙のニュースになるようなカッコいい事例を積み重ねることではなく、四方八方に目配りしながら、毎日使うものについても少しずつ原価を低減していけと教えているのである。

そして、永守は原価低減を生産現場に迫る。「営業は注

文を取ることに専念し、工場は利益を出すことに専念するというのが日本電産流の役割分担です。（略）

競合メーカーが一〇〇円の見積もりを出せば、わが社は九九円でなければ注文には結びつきません。あえて赤字で引き受けたとしても、それから原価低減で黒字にするのは工場の仕事です」

健全な金銭感覚を持ち、決して公私混同しない

永守が幹部、生産現場を始めとして全社に「原価低減」を唱えても、全員が素直に従うのには理由がある。それは、彼が健全な金銭感覚を持ち、決して公私混同をしないと誰もが知っているからだ。

「会社のカネで豪華な食事を振る舞うよりも、社長の身銭で赤ちょうちんのお店に連れていくべきです。若い社員ほどそうしたカネの出所《でどころ》に敏感で、ご馳走になるよりも給与をあげてほしいと考えます。このあたりの機微を理解しないと優秀な社員

ほど辞めてしまうに違いありません」

また、こんなエピソードもある。かつて日本電産の社長室前の廊下には一台のランニングマシーンが置いてあり、マシーンには永守が書いた「私物」という札がぶら下がっていたという。他の人間に対して、使うなという意味ではない。「自分が使うものは会社のカネで買ったものではない」と公表しておきたかったのだろう。

さらにこんなこともあった。

永守は買収した会社の現場リーダーを二〇～三〇名ずつ集めて毎月懇親会を開いた。派遣した再建担当者の部下が「これは会社の経費でやります」と言ったら、彼は「いや、それはダメだ」と一喝、自分の札入れから現金数十万円を出して帰っていった。

社員との会食費用は社費で落としてもおかしなものではない。それでも、永守は自分のカネを出した。それは彼が生まれながらの金持ちではなく、苦労して成功したこと。そして、苦労に基づいた健全な金銭感覚を持っていたからだ。

金銭感覚は次のエピソードにも残っている。

「かつて、わが社が工場を新設した折に、ある会社の社長から竣工祝いをいただきました。ありがたく頂戴して、祝儀袋を開いてみると、なんと金額の欄が白紙の小切手が入っているではありませんか。その社長は『好きな金額を入れてください』と笑顔でおっしゃいました」

その場では感謝したけれど、「この会社とは早々に縁を切ろう」と決めた。常識外れの金銭感覚についていけなかったからだ。

会社経営者が健全な金銭感覚を持つことは、従業員に対して原価低減を訴えるときの大きな説得力になる。自分は銀座のクラブや京都の花街で大散財しておいて、「コピー用紙は両面を使え」と命じても、部下は面従腹背《めんじゅうふくはい》の態度を取るだろう。

原価を下げるには経営者は自らの生活を律したり、また、事務用品の原価までを知悉《ちしつ》していないといけない。

「仕事のなかの無駄」を排除せよ

永守は会社を創業してからこれまで、猛烈に働いた。休みと言えば元旦の午前中だけだった。

ところが、働き方改革が叫ばれるようになってからの初めての正月、二〇一八年からは三が日をまるまる休むようになった。

「ものすごくハードに働いてきたきつい会社だったから、転換も早いんですよ。でも働き方改革はやればやるほど難しいということを、毎日実感しています。働き方を変えるというのは本当に奥が深い」

OECD（経済協力開発機構）データに基づく二〇一八年の日本の時間当たり労働生産性はOECD加盟三六カ国中二一位、欧米諸国よりも低い。

永守は生産性が低いまま長時間働くことはおかしなことだと考え、全社に転換を促したのである。

まずは会議を効率化し、一時間の会議を四五分で済ませることにした。そして、語学力と管理職のマネジメント力を上げることに集中した。

日本電産における働き方改革は夜一〇時になったら会社内の電灯を消すといった単純な取り組みではない。長時間労働が生まれる原因を見つけて、それを取り除こ

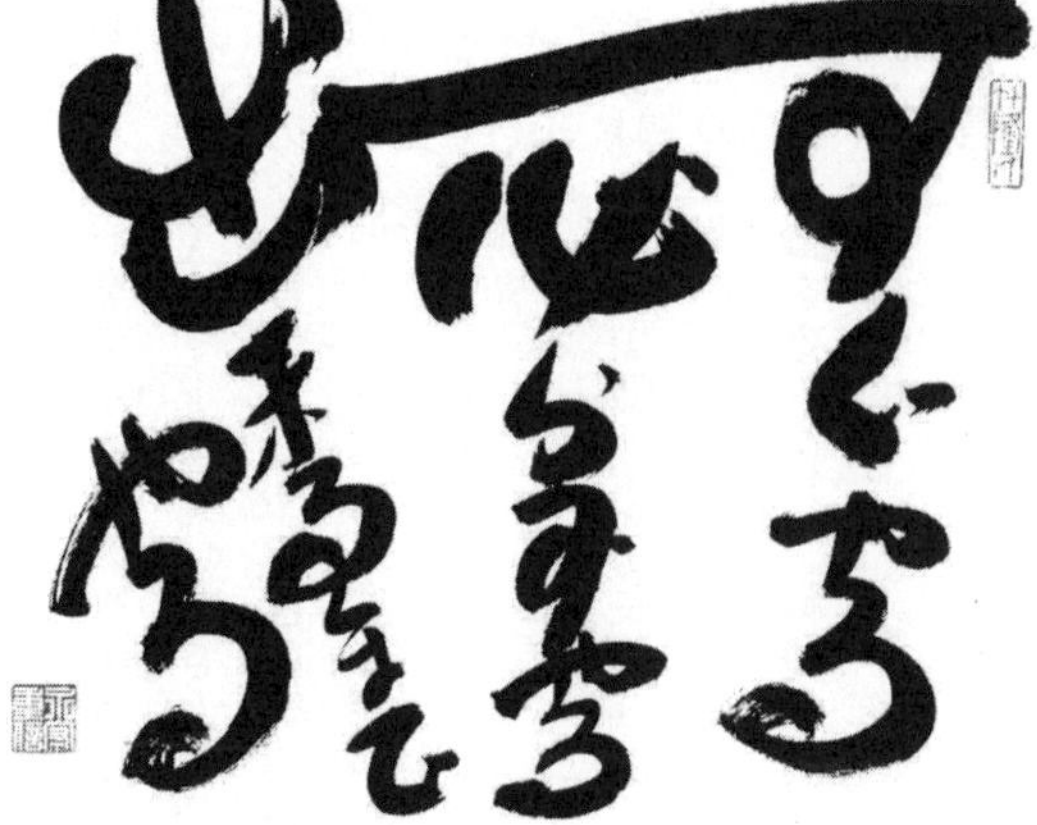

永守氏直筆の書。この言葉は氏のモットーでもある

うとしたのである。

「（社員が）英語ができないのがものすごく大きな課題。電話ひとつとっても二倍の時間がかかります。商談で通訳が必要になればその分費用もかかる。だから英語教育に今ものすごく力を入れています。英語ができないとビジネスができない。

さらに、管理職に管理能力がないこと。部下の仕事を野放しにしていることです。みんな勝手に残業届を書いているのは、『君は何で今日こんな残業をするんだ』と問え

る上司がいないからです。（略）

欧米は専門職で生きるポジションがいっぱいあるわけですけれど、日本は管理能力のない人までラインの中に入ってしまう。人心掌握ができず、部下が毎日何時間残業しているかも知らない。研修制度をつくって改善しようとしていますが、これにもお金がかかる」

Nidec
—All for dreams
Nidec Group-wide Work Reform
尼得科工作方式的革命
Nidec働き方革命
高効率労働の追求
Work efficiently!
追求高效率的工作方式
社内会議の効率化
Have internal meetings efficiently!
提高公司内部会议的效率
生産性を上げ、早帰りの有効時間を活用しよう
Work efficiently, go home early, and spend your private time effectively!
提高工作效率，有效利用业余时间
生産性の低い会議を減らし、業務の生産性を向上させよう
Avoid inefficient meetings, and work more productively!
减少无谓的会议，提高工作效率
「働き方改革」を推進する社内のポスター

永守が目をつけたふたつのポイントは確かに生産性アップに結び付くだろう。英語力の向上とはすなわち、無駄の排除だ。

英語を使えないと海外企業との仕事ができないだけでなく、翻訳、通訳、打ち合わせという、コストが発

生する仕事が乗ってくる。英語に限らず、仕事のなかの無駄を排除しろというのが永守の主張だろう。

また、管理職のマネジメント能力アップはすべての日本企業が行わなくてはならない改革だ。ここを抜本的に変えれば組織は生まれ変わる。

働き方改革でも、目の付け所が違うのが永守らしいところだ。

なぜ、大学の教育改革に踏み切ったのか

前にもふれたが、永守は買収した会社へ派遣する「再建指揮官」へは実にきめ細かい指導をしている。A３の紙一枚に書かれた「再建の指針」を渡し、毎月、必ず会社を訪ねて現場指導を忘れない。

永守は「経営者だけではなく教育家」の側面も持っているわけだ。

そんな彼が二〇一八年、私財一〇〇億円以上を投じて教育に乗り出した。京都先端科学大学を運営する永守学園（当時・京都学園）の理事長に就任したのである。大学

の理事長と言えば名誉職みたいなものだが、彼の場合はCEO兼現場監督といった立場のようだ。

「今から大学に入る学生は一〇〇歳まで生きられます。そんな時代に、一八歳のときの偏差値で人生が決まるようなことがあってはならないと言いたいわけです。(略)まず私が理事長になりました。学長も学部長も代わりました。(略)講義は英語にしていきます。先生も三分の一は外国人にするつもりです。新設の工学部では将来、留学生を学生の五割にしたいと思っています。それも世界中から優秀な学生を集めるつもりです」

大学の理事長でここまで変革を先導する人はいない。たいていの理事長はにこにこ笑って、入学式と卒業式に毒にも薬にもならないスピーチをするだけだ。しかし、彼はCEOだから、大学もベンチャー企業と同じように成長させると決めている。

「THE世界大学ランキングというのがあります。これは論文引用率の高い研究者の数や論文の引用数、(中略)などで本当に質のいい大学を見るものです。これで二〇三〇年には京都大学を抜きたいと思っています」

京都先端科学大学の入学式で挨拶する永守会長

高らかにこう宣言しているが、もし、実現したら、大学教育を改革した証拠になるだろう。

永守重信という人の決断とは、限りなく遠くへ向かってボールを投げるということだ。遥か未来へ向かって事業という名前のボールを数多く投げ続ける。

常にいくつもの目標を持っていたい人なのだろう。

永守重信

〔日本電産 会長〕

決断にはスピードが求められる

社員第一優先で**決断**する

下請けからの脱却

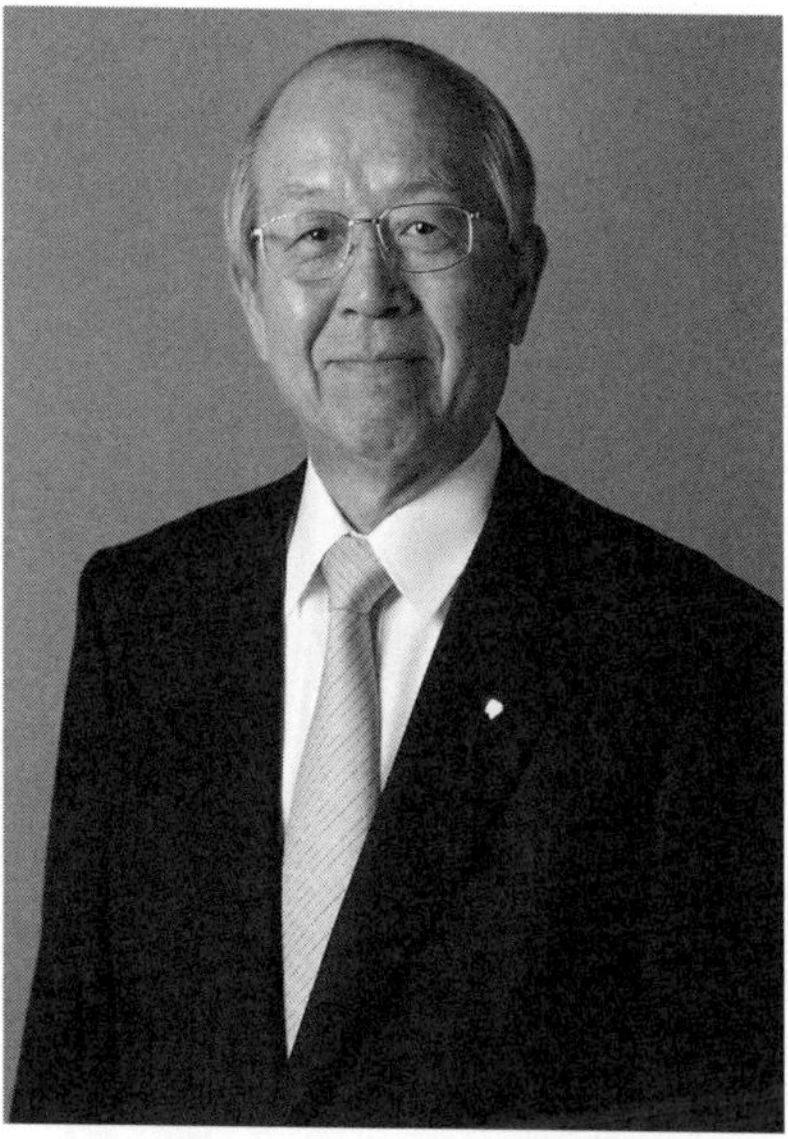

アイリスオーヤマ 会長

大山健太郎《おおやまけんたろう》

19歳で継いだ小さな家業を、いまや日本を代表する
生活用品メーカーベンダーへと
育て上げた大山健太郎会長。
波瀾万丈の経営者人生で直面した
「決断の瞬間」とは――

「上場しない」という決断の背景

アイリスオーヤマの創業者、大山健太郎は「売り上げ五〇〇〇万円の会社を五〇〇〇億円（二〇一九年）以上にした」男だ（掲載当時）。会社を興《おこ》しただけでなく、実に一〇万倍以上に成長させている。彼には独自の哲学があり、株式を公開していない。「株式公開すれば創業者利益を手にできるだろう。しかし志を曲げ、自由に（会社を）指揮できなければ意味がない」

「事業内容よりも『創業の理念』がきちんと引き継がれることだ。そのためには血のつながった人間による『株式非公開の同族経営』が一番いいように思われる」

「本来、上場とは資金調達に必要だからするものだ。幸い今は資金の心配はない。今の日本には上場のメリットより問題が多いと感じる」

そう大山は言っている。

上場するしないについて、ベンチャー経営者はそれぞれの意見を持っているだろう。

株式公開は資金調達だと本来の目的を考慮に入れて、大山は上場しない決断をしている。株式を公開して創業者利益を得ても何ら問題はないし、本人にとっては得をすることなのだが、彼はそれを捨てた。

大山健太郎の決断の数々を見ると、いずれの場面でも、「自らの得を捨てる」「自分のメリットを考えない」ことを原則にしている。

家業を継ぎ代表に就任した大山健太郎氏（1964年ころ）

大山健太郎は敗戦の年、一九四五年に大阪府南河内《かわち》郡道明寺《どうみょうじ》村(現・藤井寺市)に生まれた。五歳のとき、布施市(現・東大阪市)に転居する。父親は金属関係の仕事をやっていたが、それをやめて自宅の敷地にプラスチック成型の工場《こうば》を建てた。同居していたのは父母、祖父母、叔父、姉、四人の弟と二人の妹……。一三人の大家族だった。

大山が高校三年のとき、父親ががんで亡くなった。長男だったため、一九歳で父親の町工場「大山ブロー工業所」を継がざるを得なくなった。ブロー工業所の「ブロー」とはプラスチックの成型技術のひとつで、ペットボトルやポリタンクなど中《ちゅう》空《くう》の製品を作るときに用いられるものを言う。

さて、彼は大家族と五人の従業員を食べさせていくための戦いを始めた。

当時、大山ブロー工業所が作っていたのは発注元から頼まれた部品で、同社は下請けと呼ばれるサプライヤーだった。そのころの商習慣として、買う側は半年に一度、サプライヤーの納入価格を値切ることになっていた。

度重なる値下げの要求に、彼は大きな決断をする。

「生活者の問題解決」のための商品づくり

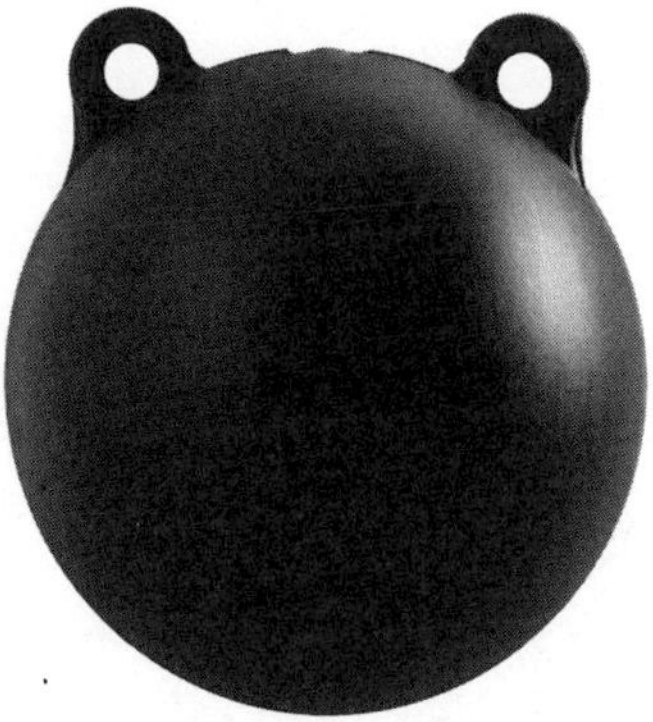

ガラス製に代わる、軽量で耐久性の高いプラスチック製の養殖用ブイ（1966年発売）

「下請け仕事から抜け出したい」

それには独自製品を開発して、最終消費者に買ってもらわなくてはならない。アイデアがいるし、開発には投資も必要だ。それでも、毎回毎回、納入価格を値下げしなくともいいし、自らの意思で製品の価格を決めることができる。

「これだ」と思ったのはプラスチック製、中空の浮き玉（ブイ）だった。それまで養殖、漁業に使う浮き玉はガラス製と決まっていた。ただし、ガラスは割れてしまう。しかも、表面は平らだから、ロープでつなぐにしても、ネットで包まなくてはならなかった。大山はガラス製の短所を補ったプラスチック製の浮き玉を開発し、ロープを施しやすいように、突起をつけ、穴を開けた。穴にロープを通せば浮き玉をつなげることができる。

プラスチック製浮き玉は人気となり、真珠の養殖業者、ホタテの養殖業者など、全国に販路が広がった。今ではガラス製の浮き玉を見つけることが難しい。

浮き玉の次は、農業マーケットに進出した。それまで苗を育てる箱は木製だったが、軽くて通気性のいいプラスチック製育苗箱を開発したのである。これもまた木製の難点をカバーしたものだ。

同社が下請けから脱却できたのは、ニッチなマーケットに目を付けたからだ。そして、ガラス、木材という素材をプラスチックという新素材に替えたことだろう。

新素材の開発という彼の考えは現在でも通用するし、事実、その道筋で改良されている製品は今も各種ある。たとえば炭素繊維だ。鉄よりも軽くて丈夫だから、飛行機、高級自動車などの一部に使われるようになった。

彼は人があまり目を付けないニッチな分野の従来製品を見て、自分の強みであるプラスチック技術で問題を解決したのである。アイデアマンというよりも、問題を大きな視点で見直し、解決したのである。

「この社長の下だったら頑張ってみるか」

大山ブロー工業所は成長していった。一九歳で工場を継いでから八年後、五〇〇〇万円だった売り上げは七億六〇〇〇万円になった。下請けから脱却するという決断の結果だ。同社はサプライヤーから業界向けプラスチック製品の開発メーカーとなったのである。大山は社内を一致団結させるため、社員と密なコミュニケーションを取り、自らのことよりも、社員のことを考えた。上場しないという決断の背景には、「まず社員のことを考える」という哲学がある。その哲学が芽生えたのが会社の創業期だった。

当時を思い出して、こう語っている。

「仕事が終わると、よく社員を私の家に招き、母の手料理を振る舞いました。仕事中だけでなく、仕事以外でも社員といろいろな話をしていると『小さな会社だし、給料は安いが、この社長の下だったら頑張ってみるか』と思ってくれるようになります」

「この社長の下だったら頑張ってみるか」が大切だ。

ベンチャー企業、中小企業の社長が部下に対して見せる生活態度とはこれしかない。成功した後、自分だけが高級車に乗ったり、贅沢なレストランへ行ったりする社長は部下の気持ちを考えていない。そういう社長と長く働きたいと思う社員はいない。

大山は若くして会社を継いだから、他社で働いた経験がなかった。そのため、「自分が会社員だったら、どんな会社に勤めたいか」を考えることにした。また、「自分が部下だったら、どんな社長の下で働きたいか」を頭に描いた。「社長の理想像」を組み立てて、その像に向かって自分を変えていったのである。

「社員に情をかけることでした。豪華な食事を一回だけごちそうしても、心は動きません。『うちの社長は何が目的なんだろう』と身構えるだけです。そうではなく、毎日毎日情をかける。情の深さは接触回数に比例するのです」

起業家になるためには構想力、説得力、実践力、結果責任の四つが必要だと彼は言っている。そして、もっとも大切なのが構想力だと断言している。

「起業家には、自己の利益に根差した願望ではなく、市場に何を提供し、社員と共にどう成長し、社会に貢献するかという構想が必要なのです」

プラスチック製品の開発、社員のために理想を追求する。このふたつは彼の構想から生まれたものだ。

経営者と幹部が全情報を共有する

彼にとって、もっともつらかった年は一九七八年だ。彼は社員五〇名をリストラせざるを得なかった……。いまだにそれを忘れることができず、一生の悔いだと発言している。「これからは何があっても絶対にリストラはしない」と自分自身に言い聞かせている。

一九歳だった大山が父親の後を継いで始めた会社、大山ブロー工業所は順調に成長し、

オイルショック当時のアイリスオーヤマの店頭。トイレットペーパーを求め、多くの人が店に詰めかけた

七五年には創業地の東大阪と宮城県のふたつに工場を構え、従業員は二〇〇名、売り上げは一五億円近い中堅メーカーになっていた。当時の主力製品は農業用の育苗箱。それまで木製だった育苗箱をプラスチックに変えたのは彼の考えだった。

しかし……。

市場を席巻していた同社製育苗箱の値崩れが始まったのはオイルショック(一九七三年)から二年が過ぎたころだった。蓄えた資金は枯渇し、彼は金策に走る。手形のジャンプ（支払期日の延期依頼）を繰り返したが、ぬかるみに足を踏み入れたような状態で業績は元に戻らなかったのである。そして、七八年、彼は東大阪の工場を閉鎖し、生まれた町から宮城県へ移ることを決めた。創業時から家族同然と思い、仕事をしてきた従業員をリストラすることになったのだった。

「金融機関には『業態を変えるから会社存続に協力してください』と頭を下げた。しばらくは漬物用の樽や塩辛の容器などをこつこつ作る。売上高は半減したが、経費も減り毎年の赤字はなくなった。しかし、これではいつまでも借金は減らない」

リストラの翌年に始めたのは幹部研修会だ。四半期ごとに幹部と泊まりがけでさまざまなことを議論する機会を設けた。売り上げの増やし方、技術、設備、人材、組織……。大切だと考えたのは、とにかく経営者と幹部が全情報を共有し、ともにレベルアップしていかなくてはならないということ。

大山は言う。

「一般に営業部門の幹部は営業の情報、生産部門の幹部は生産の情報に詳しいという偏りがあるため、個別最適で動きがちです。しかし、社内の全情報を与えれば、その幹部たちも全体最適で判断します。社長の目線が高いのは、社内の情報を独占しているからにすぎないのです」

幹部研修会は倒産の危機に直面していたアイリスオーヤマをよみがえらせる原動力になった。危機に際しては、全員がとにかく動いて販売力で売り上げを上げようとする会社が目に付く。しかし、大山は立ち止まって考えることを選んだ。そうして、同社はふたたび成長していく。

「新市場開拓」のふたつの原則

幹部研修会を定期開催した後から同社(九一年からアイリスオーヤマ株式会社に社名変更)は次々と新製品を開発し、ヒットさせていく。それまでは社長ひとりが考えたものだったが、幹部、一般社員からのアイデアが反映されるようになっていった。

まず、園芸市場に新商品をリリースした。従来は素焼きだった植木鉢を同社の強みであるプラスチック技術を生かしたカラフルなものにして、ホームセンターで売

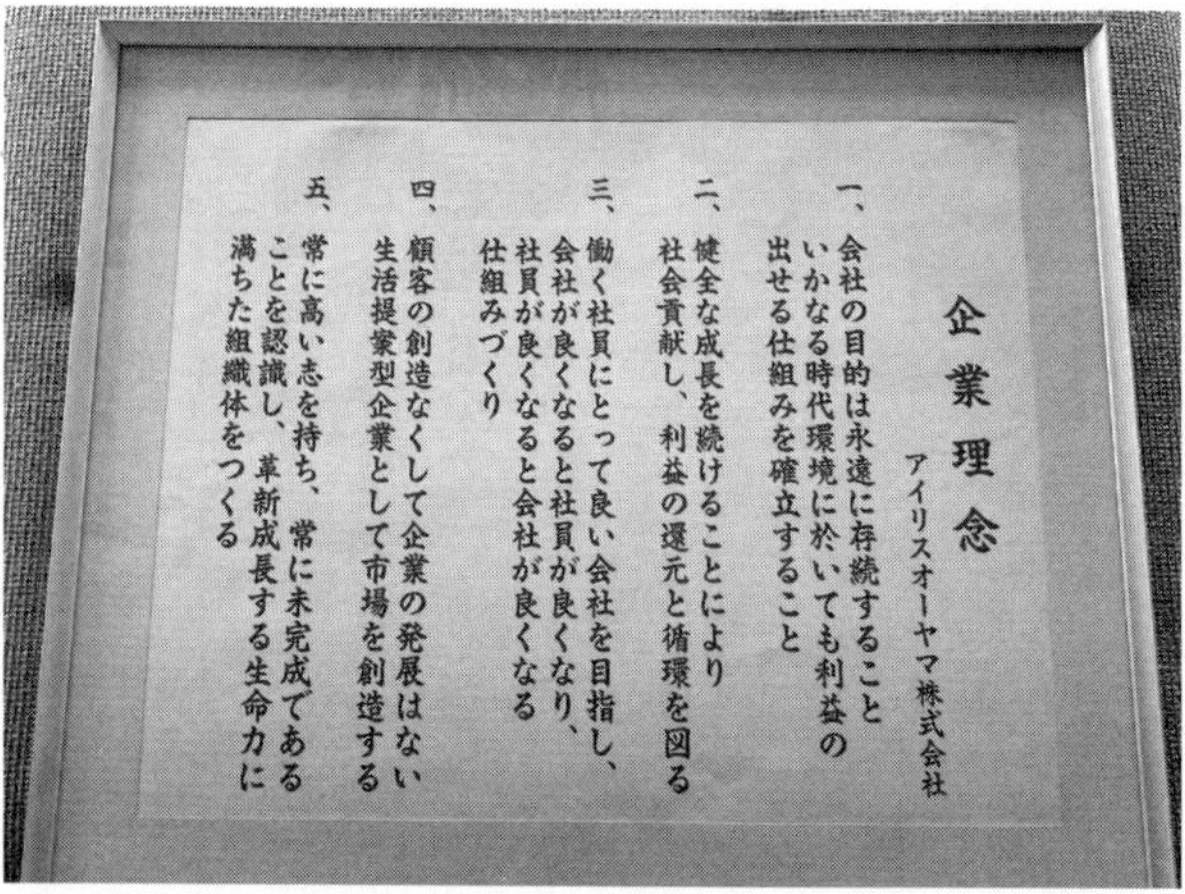
企業理念
アイリスオーヤマ株式会社
一、会社の目的は永遠に存続すること
いかなる時代環境に於いても利益の
出せる仕組みを確立すること
二、健全な成長を続けることにより
社会貢献し、利益の還元と循環を図る
三、働く社員にとって良い会社を目指し、
会社が良くなると社員が良くなり、
社員が良くなると会社が良くなる
仕組みづくり
四、顧客の創造なくして企業の発展はない
生活提案型企業として市場を創造する
五、常に高い志を持ち、常に未完成である
ことを認識し、革新成長する生命力に
満ちた組織体をつくる
家族同然で共に歩んできた仲間を結果的にリストラすることになった、そのつらく苦しい思いが、後に作られる企業理念につながった

り出した。素焼きの植木鉢は重くて割れやすく、しかも苔が生えるが、一方で、通気性、保水性に優れている。同社は農業用の育苗箱で得た技術を生かし、メッシュの上げ底にした植木鉢、底をすのこ状にして通気性を備えたプランターを作った。現在、私たちが目にしているプラスチック製植木鉢、プランターはそうして生まれた商品だ。

新商品を出す、あるいは新市場を目指すときに決めている原則がふたつある。

ひとつは新市場に出るときは自社の強みを生かすこと。新規事業に進出する際、どこも考えるのは伸びているマーケットへ出ることだ。しかし、そうした市場には次々と他社が参入する。いずれは定員オーバーになってしまう。それよりも、自社が培ってきた強みを生かした製品を作り、それを持って市場を開拓する。

もうひとつは経常利益の五〇％を新市場の開拓費用として振り向けること。

「常に経常利益の五〇％分の資金を使い、新市場に一歩一歩入っていくのです。そして入った市場が駄目だとなれば、早々に別の市場に照準を変える。じりじり動き、あるときふと後ろを振り返ったら『もう山の中腹まで登っていたのか』と気づくくらいでいい。一気に山頂に登ろうとするから、途中でこける」

新しい市場に出て行くにはリスクが伴う。しかし、利益の半分まではリスクを取ると決めている。それくらいの覚悟がなければ成長はしない。

勝っているときに一時、撤退する

一九七〇年代のオイルショックを乗り越えたアイリスオーヤマはプラスチック製品だけのメーカーから脱皮することにし、数々の新商品を開発、さらに新市場へ出て行った。

一九八一年はガーデニング用品、八七年にはペット用品を出して当てた。八九年には透明な衣装箱、クリア収納ボックスを大ヒットさせる。

クリア収納ボックスは大山自身が衣装箱から服を探し出すことに苦労した経験から考えた商品だ。ところが真似するのが簡単な商品だけに、コピー商品が乱立、一時は専業メーカーが三〇社もできた。

そこで彼は考える。

「このマーケットから一時、離れるしかない」と。「二〇〇〇円程度だった価格は半値以下まで下落しました。私はサイズのバリエーションを増やしたり、小手先の工夫はしてみましたが、その程度では価格競争から抜け出すことはできなかった。

クリア収納ボックスは私たちが作った市場ですから、愛着は強かった。(略)しかも、クリア収納ボックスは売り上げの三割を占める事業の柱に育っていた」

大山は国内市場からの一時的な撤退を決断する。この決断は経営人生のなかでも相当の決意を伴うものだった。普通の経営者であればシェアトップでもあるし、「市場は伸びる」と信じて販売を続けるだろう。

だが、過当競争のなかにいる自分に我慢できなかった。

「オイルショックのときに社員をリストラしたことを猛省した私は、『いかなる時代環境に於いても利益の出せる仕組みを確立する』と、企業理念の第一条に掲げました。（略）そうして迷いを振り切ったのです」

その後もクリア収納ボックスの市場は過当競争が続いた。時間が経ち、メーカーが五社を切った時期にアイリスオーヤマはあらためて同商品に力を入れ、市場でシェアを取り戻した。国内市場から退避していた間に同社はアメリカ市場にクリア収納ボックスを持っていき、定着させることができたのである。

なぜ、問屋機能を持とうと思ったのか

クリア収納ボックスを考案するより少し前のこと、アイリスオーヤマは園芸用品、ペット用品でメーカーとして成長した。しかし、彼にはオイルショックのときの経験がつねに頭のなかにあった。当時、親しくしていた問屋が価格の安い他メーカーに仕入れ先を移したため、アイリスオーヤマは大口の商権を失う。年間売上高は半減してしまった。

そのときの経験が忘れられず、幹部が反対するなか、大山はメーカー専業ではなく、ベンダー(問屋)機能を持つことを決め、実行した。

だが、業界からの反対は強烈だった。

「問屋外しだ」「商道徳に欠ける」と、業界から罵詈雑言を浴び、ある問屋はアイリスオーヤマへ大量の返品を送り付けてきた。

しかし、長い目で見れば強い会社になったのは、このとき、メーカーベンダーになったからだ。

インターネット通販は今やビジネスの中心となっている。これまでのメーカー、問屋、小売店という業界構造は崩れつつあるわけだ。「メーカーだ、問屋だ、小売

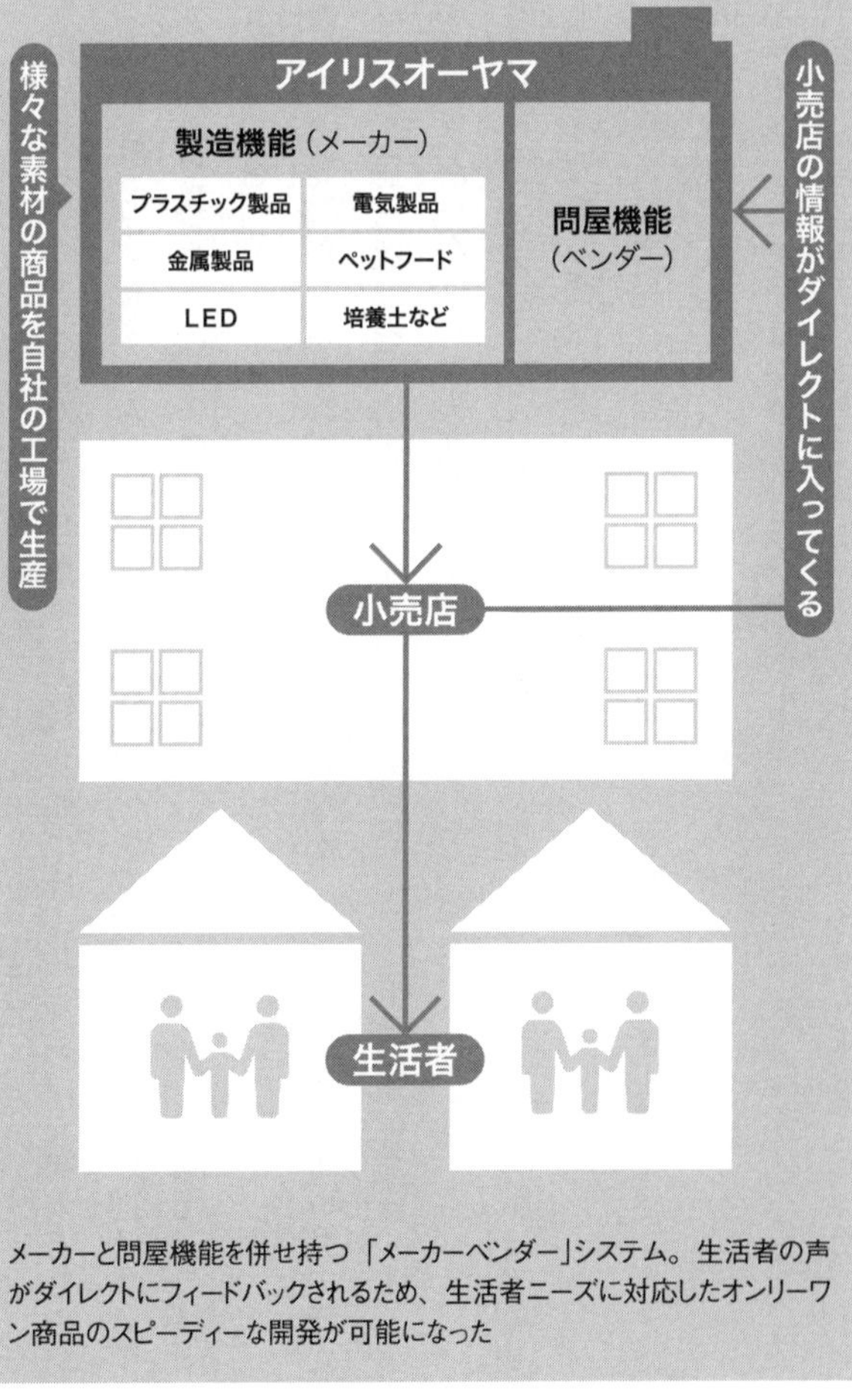

メーカーと問屋機能を併せ持つ「メーカーベンダー」システム。生活者の声がダイレクトにフィードバックされるため、生活者ニーズに対応したオンリーワン商品のスピーディーな開発が可能になった

店だ」と業務範囲を言い募り、自社の都合だけを押し付けても、消費者は「もっとも早く商品が手に入る」手段を選ぶようになった。そして、コロナ禍もあり、人が集まる店舗へ足を運ぶのを嫌がる消費者も増えた。インターネットで商品を買う人々がこの先も減ることはないだろう。

それを考えると、商品開発機能、物流機能を持つアイリスオーヤマは時代の要請にあった企業になったと言える。

生活者の「潜在的欲求」を満たす商品を作る

大山自身はこう語っている。

「インターネットを使えばユーザーに直接、商品を販売できます。メーカーからの持ち込みを歓迎する小売店も増えました。そうしたところで新商品の販売実績を出せば、問屋の壁も小売店の壁も突破できるでしょう」

これからはメーカーであれ、問屋であれ、小売店であれ、どんな業態の会社であれ、商品開発能力を持ち、物流網を持ち、インターネットで販売サイトを持つべきなのだろう。

大山はこう総括している。

「いい商品を作れば売れる時代なのです。ただし、いい商品とは高度な技術を駆使したものではなく、ユーザーの潜在的欲求を満たすものです。そうしたユーザーインの発想、つまりマーケティング力が欠落していることが、流通の問題以上に日本企業の弱点だと思います」

会社の発展は経営者の「人生観」によって決まる

宮城県に本社を置くアイリスオーヤマにとっては二〇一一年の東日本大震災は忘れることができない。

同社は電池、毛布、ＩＨコンロといった生活用品、コメなどの食料、そして防災用品を扱っている。生活のライフラインでもある。

2011年3月14日、本社食堂で行われた全体朝礼。「復旧のために全力を尽くそう」と檄を飛ばした

震災の直後から社員たちはフル活動した。家族を自宅に置いて出社し、後片付け、生活用品の積み出し、輸送に力を尽くす。余震のなか設備が壊れた物流倉庫を復旧させるため、不眠不休で働き、四日間で元の状態に戻した。足りないガソリンを節約するため、社員は一台に五人ずつ相乗りして出社した。こうした危機管理、危機対応は緊急マニュアルに書かれていたものではない。マニュアルは大して役に立たず、社員たちはそれぞれの現場で知恵を出して解決していった。

グループ企業のダイシンはホームセンターを運営している。翌日から営業を開始したが、停電していたのでレジを打つことができなかった。それでも店を開けた。従業員は入り口に来た客から必要なものを聞き、店内から探し出して販売した。手持ちの現金がなかった被災者には名前を書いてもらい、品物を手渡した。代金は後ですべて戻ってきた。

気仙沼《けせんぬま》店では寒さのなか、客が列を作った。様子を見た店長は現場の判断で手持ちの灯油を放出。一人一〇リットルまで無料で配ったという。その店長は取材に来ていたテレビ局の記者にこう言った。

「クビになるかもしれません。でも、いいんです」

やり取りをテレビで見た大山は店長の対応に感激した。

「私はつねに相手の立場に立って考えよと言ってきた。それが『ユーザーイン』という哲学だ。その哲学を身につけ、自分自身で判断し、動いた社員たちを誇りに思う」

アイリスオーヤマの力は危機になると発揮される。危機管理に強い。

どんな会社も危機に陥る。商品が売れなくなることはある。災害、感染症もやってくる。誰もが同じ条件で立ち向かわなくてはならない。

そんなとき、経営者はどうすればいいのか。大山は知っていた。

彼は語る。

「苦難を味わった経営者が皆、強い危機感を持つかというとそうではない。差は何か。それは人生観です。こういう言い方をするのは失礼かもしれませんが、経営者の人生観によって、会社をどこまで発展させられるかが決まるというのが私の本音です。

株式上場で多額の資産を手にした経営者が大豪邸を建て、ぜいたく三昧の暮らしをしているという話を聞くことがあります。それも人生のあり方ですから、否定はしない」

大山は会社を上場させる気はない。

最優先にするのはアイリスオーヤマをもっといい会社にすること。社員を幸せにすることだ。彼自身はぜいたくをせず、毎朝三〇分のウォーキングと趣味のクラシックを聴くくらいだ。

だが、考えてみれば大豪邸を構え、ワインのコレクションを持つといったお金持ち定番の楽しみを追求するよりも、彼の方が金の使い方を知っている。

大山は金を持とうと思えば、すぐに持てる立場にいる。しかし、わざとそれをしない。現金や宝物よりも、自らが望む生活、自らの考えの方が価値があると思っているからだ。財物より形而上《けいじじょう》(形を持っていないもの)の価値に重きを置いている。

リーダーの役割は「リスクを取ること」

大山が語る経営とはこうだ。

「本質的に考える。次に長期的、多面的に考える。長期的とは、会社が将来進む道をビジョンで示すこと。多面的とは、競合や環境変化に目を配ることです。(略)競合情報を共有し、自社の強みや革新性を分析・判断しないと、井の中の蛙で、痛い目に遭います。こうした思考は高学歴な人ほど得意かもしれませんが、現実を見ると、起業家に高学歴な人は少ない。その理由は彼らは学ぶことは得意でも、実践することは苦手な人が多いからです。しかも知識が豊富なため、リスクが取れない。過去の成功事例・失敗事例を学びすぎたことで、リスクに過度に反応し、それを克服しよ

経営者や起業家の育成を目的に立ち上げた「人材育成塾」で、自らの起業体験を語る大山会長

うとしないのです。（略）

リーダーが確固たる意志を持って、周囲に率先して行動するのです」

本質的にはリーダーの役割はリスクを取ることだ。商品の当たり外れ、経営施策に効果があったかどうかはやってみなくてはわからない。計画するのがリーダーではなく、リスクを取って実行するのが経営者だ。

あえて縮小する**決断**もある

ナショナルブランドから
ローカルブランドへ

崎陽軒 社長

野並《のなみ》直文《なおぶみ》

創業百十余年――横浜に「シウマイ文化」を
根付かせてきた崎陽軒は、
シウマイ事業にとどまらず、地元に密着した
総合食品会社へと変貌を遂げている
革新の旗振り役、三代目の野並直文の「決断の瞬間」とは――

崎陽軒が誇るシウマイ。1928年の発売以来、レシピが変わっていない

全国マーケットからの撤退

崎陽軒はシウマイ(シューマイ)とシウマイ弁当で知られる横浜の食品企業だ。年間の売り上げは二四五億円(二〇一八年)で、従業員数は一九六二名(二〇一八年三月)[ともに取材当時]。

ただ、ここにある数字よりも、崎陽軒の実力は商品力だろう。崎陽軒という文字を見ると、食べたことのある人は同社の独特の味のシウマイを思い浮かべる。豚肉と干帆立貝柱の入った、冷めてもおいしいシウマイを開発し、世の中に広げていったのは同社である。

崎陽軒の経営理念は次の三つだ。

一．崎陽軒はナショナルブランドをめざしません。
真に優れた「ローカルブランド」をめざします。

二．崎陽軒が作るものはシウマイや料理だけではありません。
常に挑戦し「名物名所」を創りつづけます。

三．崎陽軒は皆さまのお腹だけを満たしません。
食をとおして「心」も満たすことをめざします。

ある時期まで崎陽軒は、全国のスーパーでもシウマイを売っていたことがある。

しかし、「真に優れたローカルブランドになる」ために全国マーケットから撤退し、横浜を中心としたエリアに集中した。

少なくない金額を売り上げていた全国マーケットを捨ててまでローカルブランド

の価値を守ったのである。

同社の社長、野並直文は大きな決断をした理由をこう語る。

「ローカルブランドに徹しようというきっかけは古い話になります。私が社長になる前でまだ専務をやっていた頃の話です。

社長をやっていた父親から『崎陽軒の今後の方向性として、シウマイを全国に売るナショナルブランドを目指すべきか、それとも横浜を中心とする地域にこだわって、ローカルブランドとしてやっていくのか。お前はどっちだと思うか？』

そう、問いかけられたんです」

野並は即答できなかった。そして、毎日、どちらの道へ行くべきかを考えたのである。

真にローカルなものがインターナショナルになりうる

一九八五年のある日のこと、彼は「一村一品運動《いっそんいっぴんうんどう》」で知られた大分県知事の平松《ひらまつ》守彦《もりひこ》に会う機会を得た。

「平松知事からは一村一品運動の基本理念の話を聞かせてもらいました。その骨子は『真にローカルなものがインターナショナルになりうる』でした。いい例がアルゼンチンタンゴだっていうんです。タンゴは首都ブエノスアイレスの民族舞踊でしかなかった。しかし、真に優れた音楽性を持っていたから、世界中の人が楽しむ音楽になったんだ。

タンゴの話を聞いた後、よし、崎陽軒もタンゴでいこう、真に優れた商品であるならばローカルブランドからインターナショナルになることができる。そう決めました」

大きな決断はしたのだが、実行に移すには、かなりの時間がかかった。なぜなら、全国マーケットに出していた同社のシウマイの売り上げは一〇億円近くもあった。それをすぐに切り捨てることは容易ではなかったのである。

「やろうとは思うのだけれど、現実として一〇億の売り上げがなくなってしまうのはコワかったんです。なにしろ、スーパーの流通センターに商品を持っていけば、あとは先方が流してくれる。簡単な商売だった。販売員が一人一人接客して売る必要もないわけです。

営業マンたちは数字を追っかけたいから、スーパーへの卸をやめない。そういうわけで、全国的にうちのシウマイがばらまかれていったんです。だが、いつまでもその状態ではいかんと思った。

そんなある日のこと、私は学生時代の友人と御殿場に泊まりがけでゴルフに行きました。夕食の後、ホテルの部屋で飲もうじゃないかということになって、近所のスーパーへ買い出しに行った。すると、売り場の隅の方にうちのシウマイがどんと山積みされていた。それではブランド価値も何もあったものではない。かわいそうな姿だった。

御殿場だけじゃない。家族と関西へ出かけたとき、あるデパートにトイレを借りに入ったんです。すると、ちょうどトイレの入り口にワゴンがあって、ワゴンにうちのシウマイが山と積まれていた。

『シウマイがかわいそうだ』

つまり、全国的にばらまくと、目が行き届かないんです。ブランドを育てていこうと思っても、うちの営業の人数では全部をウォッチすることはできない。そのときにはっきりと決めました。目先の数字よりもブランドを大切にしよう。ただ、すぐにやめます、売りませんとはいかない。全国のスーパーと話し合いを重ねながら、三年計画で撤退することになりました」

全国からの撤退を命令することの難しさ

そのころ、野並は社長になっていた。だから、全国から撤退する決断と実行にあからさまに反対する人間はいなかった。しかし、すぐに行動を起こしたかといえば、そうはならなかったのである。

自ら売り上げを捨てることを率先してやる社員はいなかった。そこで現場の社員を叱咤し、結果を報告させた。そこまでやらないと、人は動かない。

「全国からの撤退を命令するのは難しいですよ。売り上げを増やすためなら人は頑張るけれど、減らすことを頑張る社員はいません。口では、はい、撤退しますなんて言っても、様子見の状態でした。結局、全国展開をやめたのは二〇一〇年頃でした。私が社長になったのが一九九一年だから、やめるぞと言ってから二〇年はかかったんです」

1996年にオープンした崎陽軒本店。シウマイ事業だけではない、「総合飲食サービス事業」への転換の象徴ともいえる

全国マーケットからの撤退が進んだのは野並が督励したからだけではない。彼が社長になったころはシウマイという単独商品に寄りかかっていたのだが、もうひとつの商品「シウマイ弁当」が伸びてきた。シウマイ弁当を拡販することが社員の士気を高めたのである。

弁当類は着実に売れるようになっていった。かつてはシウマイの売り上げが大部分だったのが、現在では、弁当類の売り上げが伸びて、シウマイと弁当類の売上比率は五対五となっている。

弁当類が大きな柱に成長したので、全国のマーケットから撤退しても売り上げの減少は一時的なもので済んだのだった。

また、一九九六年に崎陽軒本店がオープンした。本店を中心とした結婚式、イベントなどの売り上げも増えてきた。

崎陽軒は横浜、神奈川県のローカルブランドとしての地位を確立し、しかも、商品、サービスの幅が広がった。シウマイだけの会社から総合飲食サービス業に転換できたのである。

特色のない弁当屋から横浜名物へ

彼は「シウマイはやっと横浜のソウルフードになった」と語る。

「埼玉出身の女性が入社してきて、びっくりしたと驚いていたことがあります。『社長、横浜の人は運動会があると必ずシウマイ弁当を頼んで食べるんですね』って。彼女は『埼玉では特定の弁当ばかり食べることはあり得ない』って。

確かに、シウマイとシウマイ弁当は横浜のソウルフードになっているんです。データを見るとわかりますよ。

総務省統計局が全国家計調査をやってますが、しゅうまいの消費量は毎年、横浜がダントツの一位。餃子は宇都宮と浜松が争っているけれど、しゅうまいは横浜。全国平均が一世帯で一〇〇〇円弱なのに横浜は三〇〇〇円近く(取材当時)。また、餃子としゅうまいの消費量を比べてみると、全国どこでも餃子が多い。ただ、唯一の例外が横浜。横浜だけはしゅうまいが餃子を圧倒している。それだけ地元の人たちが好きなのがしゅうまいなんです。

さらに言えば、この統計のしゅうまい、うちのシウマイ弁当に入っているシウマイはカウントされていない。弁当というジャンルに入っている。ですから、数字以上に地元の人たちはしゅうまいを食べているんです」

1954年の東横線のホーム売店
同年に発売を開始したシウマイ弁当（右上）

ただ、今でこそ、同社はシウマイで知られるが、創業した当初は「何の特色もない駅弁屋」だった。

野並は「ええ、そうなんですよ」と言った。

「横浜は開港でできた新しい町です。それまでは貧しい漁村で、文化はなかったんです。その証拠に横浜にはお城がないでしょう。崎陽軒が創業した一九〇八年は、開港して五〇年後。そのときは特色のない普通の駅弁屋で、まだシウマイは出してません。

何しろ横浜駅では弁当が売れなかった。横浜駅というのは東京駅に近すぎるから、みんな東京駅で弁当を買って、横浜を通過するときは車内で食べている最中でした。なんとか売れるものはないかと考えて作ったのが、冷めてもおいしく食べられるシウマイだった。まだ弁当ではなく、名産品としてのシウマイでした」

だが、現在ではシウマイだけでなく、シウマイ弁当などの弁当類も同社の看板商品になっている。

他社には真似できないキャンセルポリシー

「弁当類が伸びてきたのはお客様の食生活の変化です。以前、夕食は自宅の台所で作りました。そして、シウマイはプラス一品でした。でも今の消費者は台所に立つことが少なくなり、シウマイだけを買っても、食事にならない。

ところが、シウマイ弁当ならば、そのまま一食になる。女性の社会進出もあり、疲れて帰ってきて台所で食事を毎晩、作るのは大変なんですよ」

そんなシウマイ弁当が売れるようになったのは社会の変化もさることながら、発売当初から行っていた、あるマーケティング施策が大きな要因となっている。

世の中には意外と知られていないけれど、同社はシウマイ弁当に関して特別のキャンセルポリシーを持っている。

野並は丁寧に説明してくれた。

「昔から、うちはシウマイ弁当に関して、当日の雨天キャンセルがＯＫなんです。朝、雨が降ったから運動会は中止。そのとき、幹事さんが当社に連絡してくれれば、キャンセル料を払わなくてもキャンセルできます。

当社では、シウマイ弁当を一九五四年に売り出してから、ずっとそうです。シウマイ弁当が売れる母数が大きいので、キャンセルされたシウマイ弁当を他の売店に回せば売れるんですよ。ただ、他の弁当はダメですよ。シウマイ弁当だけです」

同社の営業マンは「当日に雨が降ったら、うちはキャンセルできます」とトークをして、注文を取ってくるという。

そして、これは神奈川県を地元とする友人から聞いた話だが、「雨が降って、運動会が中止になっても、すでにシウマイ弁当を食べる気になっているから絶対にキャンセルはしない」とのこと。そういう人もいるわけだ。

シウマイ弁当が横浜や川崎など神奈川地区の運動会需要で独走しているのは、他の弁当メーカーが絶対に真似のできない「当日キャンセルＯＫ」というマーケティング施策を取ってきたからだ。

シウマイだけに頼らない

崎陽軒の経営理念は三つあるが、その二番目は「シウマイだけに頼らない」という意味のもの。シウマイは同社の開発したヒット商品であり、ロングセラーの最たるものだ。それなのに、社長の野並は主力商品だけに頼るのは危険だと考えている。

「かつて華やかに売れたものがどんどん衰退していった現実がある。それを見てきたので、シウマイだけが例外で売れ続けるとはとても言えません。

主力商品が成熟期となり、衰退期になる前に次の成長商品を開発するのは経営者

1989年、新たに「点心部」を創設。馴染みが薄かった中華菓子開発の契機に。写真は人気メニュー「横濱月餅」

としては当たり前のことです。今はシウマイやシウマイ弁当がよく売れている。けれども、果たして将来的にも売れ続けるのかどうかはわかりません。だから、その間に次の商品を開発しなくてはならない」

同社内には、「崎陽軒はシウマイ屋なんだから、シウマイの関連商品を売ってるのが一番だ」という声も少なくない。

それでも、野並は開発と新分野への進出をやめない。

今では事業分野を五つに増やし、それぞれの分野に目を配っている。

「私が社長になったときの事業分野はシウマイ類・弁当類・レストランの三つだった。社長として事業の柱をあと二つ加えると決めました。

崎陽軒本店のウエディング名物「ジャンボシウマイカット」。利用者のリクエストがきっかけで生まれた

ひとつは本店事業。レストランとしてだけでなく、結婚式など宴会需要を掘り起こす。披露宴では『ジャンボシウマイカット』と言って、ウエディングケーキの代わりに大きなシウマイにナイフを入れるイベントをやっていて、それが大人気。売り上げは伸びてます。大きなシウマイをカットすると中から通常サイズのシウマイがコロコロと出てくる。若いコックが考えたんですよ。彼曰く『子宝に恵まれるイベントです』だって（笑）」

もうひとつの新事業は点心の開発だ。春巻きや饅頭だけでなく、中華饅頭とか月餅のような菓子をいくつも開発している。

緊張感を保つためにも新商品開発をやめない

野並は言う。

「私は思うのですが、これまで日本人の口に合う中華菓子はなかった。だから、日本人に合うのを作ることにしよう、と。

ラーメンや餃子など、日本人は中華料理が大好きです。でも、お菓子だけはこれまであまり広まらなかった。私なりの結論は、日本人の口に合う中華菓子がなかったからなんです。

たとえば月餅のあんこは本来、ラードと混ぜる。しかし、それではしつこいから、和風のさっぱりしたものに変えました。また、月餅の大きさもこれまでのものから小ぶりなサイズにしました。いろいろ工夫してやっているんですよ」

野並は意気軒昂《いきけんこう》だが、実際のところは「シウマイの代わりに崎陽軒を支えていく売り上げには至っていない」。

それでも彼はチャレンジし続けるという。

「シウマイ類と弁当類以外の売り上げの合計はまだまだなんです。本社、各レストラン、点心などの売り上げを合わせてもシウマイには及びません。シウマイという看板商品がまだ伸びている今のうちに、やっぱり次の成長商品を作らないといけないんですよ」

野並の話を聞いていて、私はサントリーの二代目社長だった佐治敬三とビール事業の話を思い出した。

佐治はサントリーのウイスキーが市場を寡占していたとき、あえてビールに進出している。

「ウイスキーの売れ行きにあぐらをかいてはいけない。営業マンに緊張感を与えるためにも、ビールに参入する。社内の緊張感も高めなくてはいけない。そのために、おいしいビールを作る」

進出してからも、サントリービールはなかなか売れなかった。プレミアムモルツというヒット商品が出て、ビール事業が黒字化したのは参入してからなんと四五年後である。

今、崎陽軒は点心の開発に力を注いでいる。しかし、あきらめなければ、いつか日本人の口に合う中華菓子ができる。そうすれば次の事業の柱になる。

シウマイの売れ行きにあぐらをかいてはいけないし、崎陽軒の社内に緊張感を保つためにも、野並は新商品開発をやめないと決めている。

「工場見学」というヒット商品

崎陽軒の横浜工場では一般客向けに工場見学を実施している。シウマイや弁当の製造ラインを見ることができ、できたてのシウマイ、シウマイ弁当のおかず、中華菓子の試食ができる。さらに、プチミュージアムショップも付属していて、「工場できたてアツアツメニュー」をリーズナブルな値段で食べることができる(取材当時)。

私も見学したけれど、親子連れが熱心に製造ラインに見入り、帰りには「昔な

シウマイの製造工程の見学風景。そのほかにも崎陽軒の歴史VTRやシウマイ弁当の秘密を紹介するコーナー、できたて商品の試食など。所要時間は90分

横浜工場で行われている崎陽軒の工場見学は、親子連れを中心に多くの来場者でにぎわう。3カ月待ちの状態が続く人気ぶりだ（取材当時）

がらのシウマイ三個一〇二円」「えびシウマイ、かにシウマイ盛り合わせ（各一個）一五二円」をばくばく食べていた。

日清食品のカップヌードルミュージアムと並ぶ、予約殺到の人気食品工場だ。同社社長の野並は工場見学を始めた理由について、こう話す。

「工場見学について考え始めたきっかけは湾岸戦争でした。私の友人が海外旅行専門の代理店をやっていて、その友人からSOSの電話があったんです。『戦争のおかげで海外旅行客が減ってしまった。ついては国内旅行のエージェントを始めようと思ったけれど、観光地の施設でいいところはすでに大手が押さえてる。だから、崎陽軒のシウマイ工場見学ツアーをやりたい』。

ただ、そのときはまだこちらも準備ができてなかった。ただ、『観光工場』って考え方はあるなと思い、横浜工場を拡張するときに、建築会社に相談したんです」

二〇〇三年、崎陽軒は横浜工場に一般向け見学通路を設けた。さらに、一七年からは弁当の製造ラインを新設、見学者向けの施設も充実させた。

野並は工場見学を始めたころのことを次のように思い出す。

「始める前に、作業を見られる側の従業員たちにも一応断っておいた方がいいと思って、みんなに了解を求めたんですよ。そしたら全員が大反対。『何を言ってるんだ、僕らは見せものじゃない』とか『仕事の邪魔になるだけだ』とか。

ところが、実際にやってみたら、社員は変わったんです。なんというか、つまり、見られるという快感に酔い始めた(笑)。モチベーションがグーンと上がったんです。

大成功ですよ。やっぱり、人っていうのは自分が働いている姿を見てもらうのは嬉しいんです。販売とか接客サービスに携わっている人たちならば、毎日のようにお客さんと会話するでしょう。

『今度の新製品のお弁当はおいしいわね』とか『何、このお弁当、値上がりしちゃったの？もう。そんな買えないわ』。

いい意味でも悪い意味でも、世間が自分たちの仕事をどういうふうに評価してるのかを実感として体験している。

ところが、工場の従業員っていうのは、工場と自宅を車で行ったり来たりしているだけで、自分たちが作っているシウマイが売れてるなっていう実感がない。頭ではわかってるつもりだけれど、実感として、自分の仕事がどういうふうに評価されているのかがわからなかった」

ローカルブランドゆえの価値を高める

今のところ、見学者が大勢、押しかけてきている。予約はつねに三カ月先まで埋まっている(取材当時)。従業員にとっては、自分たちのやっている仕事が非常に価値のあるものに思えてくるのだろう。

世間の人間がシウマイ・弁当作りに関心を持っていることを実感として知ることができるのは大きい。確かに、世の中の生産現場で人が押しかけてくるようなところはそう多くはない。

また、工場見学を実施したこともあり、人手不足の現在でも、同社に入社したい人間は着実に増えている。

「ありがたいことなんですよ。人手不足の時代でしょう。なのに、知名度というか、横浜発のローカルブランドとしてみなさんに知られている。特に、地元出身の方にとっては職場として安心感があるようですね。

昔、父親に質問されたときのことを思い出しますよ。

『全国を目指すナショナルブランドになるのか、それともローカルブランドとして価値を上げて、そして、総合食品企業になるのか』。結果的にはローカルブランドとしての道を歩いてきて、成功だったと思います。だから、地元の人たちは安心して、うちに来てくれるんですよ」

野並直文

〔崎陽軒 社長〕

あえて縮小する決断もある

原理原則に基づいて**決断**する

商店主ではなく
経営者として生きる

ファーストリテイリング 会長兼社長

柳《やな》井《い》正《ただし》

父から継いだ洋品店を、世界に冠たる
アパレル企業へと成長させた柳井正
そのシンプルで力強い
「決断の瞬間」にせまる——

「こうとなったら、あとはやるしかない」

世界各国に「ユニクロ」や「GU」店舗を展開するファーストリテイリング。会長兼社長は柳井正。早稲田大学を出た後、縁故でスーパーのジャスコ(現・イオン)に入社したものの、すぐに退社。その後、友人のアパートに転がり込んで、フリーター生活をしていた。

故郷の山口に戻った彼は父親がやっていた小郡《おごおり》商事に入り、洋品店の店長になる。店は「メンズショップ小郡」と「メンズショップOS」の二店である。ただ、二店舗はすぐに崩壊の危機に陥った。仕事もできない若造の店長が部下に「ああだこうだ」と聞きかじりの経営理論を振りかざして指示したからだった。

「こんな店長の下ではやっていられない。将来も見えない」

見切りをつけた部下はやめていき、ついに、ひとりだけになってしまった。

七人いた部下がひとりになってしまったとき、柳井はある程度、反省した。

「こうなったのは自分の責任だ。自分が生意気だった。しかし、店のために良かれと思って言ったことだった……」

結局、人を使って仕事をすることに慣れていなかった。指示さえすれば人は動くと思った。よし、これからは従業員と一緒になって動くことにしよう。

そして、決断する。

——こうとなったら、あとはやるしかない。

「何しろ、僕ともうひとりしかいません。二店舗を切り回さなければならないから、商品の仕入れから経理、販売、広告宣伝まで、まずはひとりでやってみました。朝の八時から寝るまでの間、ご飯を食べている以外はすべて仕事だった」

自分で仕事を体験した後、それぞれの作業を分析して文章化した。

たとえば、「お客さまがズボンのすそ上げを頼んできたら、まずレジで代金をもらってから、ミシンを使う……」、すべての手順を文章にして、誰にでも伝えられるようにした。

「若い女性の社員をひとり入れたので、彼女にわかるように仕事の実際を見える形にしました。そんなことをやっているうちに商売のなりたちがわかってきて……。日々の商売って、毎日、成績表をもらっているようなものです。やったことが全部、自分に返ってくる。あ、ひょっとしたら自分は商売に向いているかもしれない。そのときにふと思いました」

東京・銀座の中央通りにそびえたつグローバル旗艦店「ユニクロ　銀座店」

売れる服を仕入れるには何をやるべきなのか

なんとか二店舗が回るようになり、先のことを考えるようになった柳井が注力したのは売れる服を仕入れること。つまり、商品バイヤーとしての目を養うことだった。

「僕ら零細の小売店はメーカーの展示会に出かけていって次のシーズンの商品を発注する。しかし、最初のうちは発注の仕方も知らないし、だいたい、何を選んだらいいのかがわからなかった。他人に聞くのもシャクだったから適当に選んで発注してみたら、まったく売れませんでした。自信もなく選んだものは絶対に売れない。最初のうちは失敗ばかりだった。

よし、商品を勉強しようと決めました。カッコつけるのをやめて、メーカーや問屋の人に教わることにしたのです。当時、ルートセールスといって、メーカーや問屋で経験を積んだセールスマンがいました。僕はルートセールスの人がやってきたら自宅に泊めて一緒に食事をしたり、麻雀をしながら商品について訊ねたり、同時に自分の店に何が足りないかを指摘してもらいました」

経営者と言えば政治家、経済人との会食も仕事のうちだけれど、柳井はどこへでも出かけていくタイプではない。

「もともと内向的」だったこともあったし、人と会食するよりも、自宅に戻って経営書や歴史の本を読むことの方が彼にとっては大切な時間の過ごし方なのだ。あるとき、訊ねたことがある。

「金持ちになっていちばん嬉しかったことは何ですか？」

そうしたら、大きな笑顔になった。

「財布の中身を気にせず、高い本を買えるようになったこと」

そんな柳井が接待麻雀をしたり、ルートセールスの人を自宅に泊めるなんて……、まったく想像ができない。そのころ、彼は必死だったのだろう。金儲けをしようと必死だったのではなく、小さな店の主人をやっていたらいつかつぶれる……。そうした危機感に背中を押されたのだ。

原理原則を大事に、淡々と実行する

宇部に戻り、洋品店の主人になったのは二三歳のときだった。そして、ユニクロを開店したのが一九八四年で、三五歳になっていた。

「あるときから、このまま個人経営でやっていっても、うまくいかないんじゃないか、と。事業として継続していくには、経営者にならなくてはいけないのではないか。これからは経営者として生きていこう。そう決めました。

経営者と商店主はぜんぜん違います。経営者は客観的に自分の会社を判断して、主体的な行動ができなくてはならない。会社の収益や社員の自己実現をどのようにして達成させるか。また、原理原則を大事にして、どんな人でも納得できることを淡々と実行する。それが経営者です。経営なんて劇的なこともないし、派手さもない。非常に単調でつまらないものです」

一二年の間、仕入れの勉強と商売の基本を学び、経営者を目指した。その結果がユニクロだった。

初期の「ユニクロ」はいまのようなSPA（製造小売り）ではない。柳井は経営者兼主任バイヤーだった。まず、メーカーの見切り商品を大量に仕入れることから始めた。倉庫のような店舗に安い値段の商品を天井まで積み上げた。接客なしのセルフサービスで、当時の洋品店では実にユニークな売り方だったのである。「ユニクロ」(ユニーク・クロージング・ウェアハウス)と名付けたのは、ユニークで、倉庫のような店だったからだ。

「あのころ、メンズショップは紳士服が主力商品でした。しかし、僕はカジュアルウェアに力点を移していった。紳士服は接客して売る商品です。『お客さま、お似合いですね、ぴったりです』と言い、袖を通してもらえば、ほぼ売れます。接客の力がいるんです。一方、カジュアルは売れる商品ならば黙って棚に置いているだけで売れていく。商品力次第です。そのころ、すでに僕は大きく成長したいと思っていました。それにはカジュアルに徹した方がいいんじゃないか、と」

当時、アパレルで伸びていたのはアオキ、青山といった紳士服チェーンだった。町の洋品店が成長しようと思えば単価が高く、しかも伸びている紳士服チェーンを目指しただろう。だが、柳井は逆だった。

「紳士服よりもこれからはカジュアルだ」

若者がスーツ、ネクタイよりも、リーズナブルな値段のカジュアルウェアを好むことはわかっていたし、いずれ、時代もそちらに進むように思えた。それが柳井の勝負勘で、後に、正しさは証明される。

日本の夏は蒸し暑く、気温の高い日が長く続く。ビジネスマンはスーツよりもポロシャツにチノパンで出勤するようになり、それが当たり前になったのである。二〇一七年夏には伊藤忠商事が日にちを限ってジーンズでの出勤を認めるようになった。そして、コロナ禍だ。在宅勤務が増え、誰もがスーツを脱ぎ、世の中全体がカジュアルウェアを認める時代になったのである。

「成長しよう」「大きくなろう」

ユニクロ一号店は広島市につくった。一号店の品物は柳井が仕入れてきた商品で、一〇〇〇円、一九〇〇円という価格が主流だった。当時、地方にあった衣料品店は従業員が接客して販売するのが当たり前だったが、ユニクロでは書店、レコード店のように客が商品を棚から取ってレジに持っていく形式にしたのである。ユニクロの服はとにかく安価で、客が自由に着こなしを考えることができ、しかも、店

1984年6月広島市にオープンしたユニクロ1号店

員にああだこうだと「接客」されることなく、選べる服だった。それが若者の志向にフィットし、ブームになっていく。

「オープンしてすぐにお客さまが押し寄せてきました。朝の六時から行列ができて、僕はお客さまにアンパンと牛乳を差し入れることにしました。いまでも、セールのときなど、差し入れは行っています。

あまりに売れるから毎週、新幹線に乗って広島から岐阜の産地まで商品の仕入れに出かけなければならなかった。仕入れに行く途中、ふと、思いました。これは金の鉱脈を掘り当てたんじゃないかなって。すごいビジネスの規模になると直感しました」

直感は当たった。いまや、ユニクロのようなやり方が標準になっているから、誰も店に入るたびに目を見開いたりはしないけれど、このとき始めたことは洋服の業界では革命だったのである。

一九九八年、原宿出店でフリースが大ブームになった。九九年には東証一部上場。二〇〇三年に発売したヒートテックはいまや国民の八割がクローゼットもしくは箪《たん》笥《す》にしまい込んでいる。

「成長しよう」「大きくなろう」

それは柳井がユニクロ一号店のオープン前に下した決断だった。

彼が決断した大きな理由は客を見たからだ。洋服を買うために夜明け前から行列し、しかも、ひとりで何枚も買い込んでいく。

「自分の仕事は世の中のためになっている」と感じたのである。ただの金儲けで成長したいと思ったのではない。世の中のためになっているのだから、もっともっと成長しなければいけないと決めたのだった。

海外へ行っても、ユニクロの原則を貫く

以来、三七年、ユニクロ店舗は世界各国に計二二八〇店(他にGUなどグループ店舗が一三四七店)となっている。うち海外にある店舗は一四七三店(いずれも二〇二一年二月末現在)。ユニクロはもはや国内よりも海外に店舗が多いチェーン店だ。ファーストリテイリングは欧米からアジアまでもれなくユニクロなど店舗網を広げているが、欧米よりも中国をはじめとするアジアに多いのが特徴だ。

九一年、柳井は小郡商事という社名をファーストリテイリングに変えた。フリースの大ヒットで「ユニクロ」という名前は知られるようになってはいたけれど、まだ全国各県にチェーンを広げていたわけではない。しかし、柳井はその時点から「GAPを超える会社になる。世界一を目指す」と宣言した。業界のジャーナリストや評論家は「何を言っているんだ」と笑ったが、それから三〇年、同社は、今で

は首位のＺＡＲＡと肩を並べる世界的アパレル企業になっている。

柳井は言っている。

「グローバル化はまだ足りていない。それはわれわれの企業だけではない。日本人、日本企業はもっとグローバル化しなければならない」

ファーストリテイリングが急成長した期間は、国内のアパレル市場が縮んだ期間でもある。衣料品産業はピーク時（一九九一年）の一五兆円規模が二〇一九年時点では九兆円程度になっている。人口が増えない以上、衣料品の売り上げがアップすることはない。柳井が四半世紀前から海外を目指したのは正しい判断だった。

ミリ単位で商品を陳列し きめ細かいサービスを

グローバル化を決断し、実行に移したのは二〇〇一年のロンドン進出からだ。しかし、進出直後こそ、売れ行きは順調だったものの、長くは続かなかった。

私は一〇年、パリのオペラ地区にあるグローバル旗艦店を取材したとき、当時、フランスの幹部だった人間にロンドン進出時の状況を聞いたことがある。

彼は首を振りながら次のように語っていた。

「進出の翌年、ロンドンに派遣されました。すでに状況は悲惨だった。二一店舗になっていたけれど、ユニクロの本質を理解しない現地の幹部が店ばかりを増やし、出せば出すほど赤字になっていた。

当時の現地の幹部は地場のマークス＆スペンサー、アメリカのＧＡＰ、スペインのＺＡＲＡ、スウェーデンのＨ＆Ｍの部長クラスが集まった混成部隊で、ぜんぜんまとまらない。ＺＡＲＡではこうだ、Ｈ＆Ｍではこうだと主張が飛び交う。それに対して、ユニクロではこうするんだと英語で怒鳴ることのできる人間がいなかった。

私はある現地の幹部に言われたことがあります。

『あんたなんかイギリスの小売業界のことは何も知らないんでしょう。マークス＆スペンサーの歴史なんて知らないんでしょう。イギリスは世界レベルのプレミアリーグだけれど、日本はＪリーグ。素人と一緒だから口を出さないで』」

柳井はイギリスの状況を見て、「自分は間違っていた」と感じた。海外進出したら、ある程度は現地の方針に従おうと思った。しかし、その結果が混乱を生んだ。それは自らの判断の失敗だ。

では、どうやって成長させるか。それは、海外へ行っても、ユニクロらしさを前面に出すことだった。現地のことを斟酌《しんしゃく》しながらも、根本的にはユニクロの原則で行く。そうして、彼はユニクロの理念を知る日本人スタッフを増強した。

店舗では朝礼を行い、英語版の原則を復唱させることにした。一時は二一店舗になっていた店舗を五店舗に削減し、人材も新しく募集した。それは「日本のユニクロで当たり前のようにやっていることを世界でもそのままやる」ことだった。そうやって、ロンドンから始めてニューヨーク、パリと情報感度の高い都市でユニクロを成功させることができたのである。

当時、彼はこんな言葉で海外進出店での営業方法を総括している。

「日本と同じ高い品質の商品を売り場に並べる。現地のスタッフには日本と同じようにミリ単位で商品の陳列をし、きめ細かいサービスを徹底させる。品質とサービスは日本のＤＮＡだから、今後、世界で戦っていくための強みにしなければならな

ヨーロッパ拠点のひとつ、フランス・パリに構えるグローバル旗艦店「パリ オペラ店」

い。そうでなければ世界では勝てない」

「日本で一番」はまったく意味がなくなる

二〇一〇年には「民族大移動」というスローガンを掲げた。世界マーケットへ超積極的に進めていく政策で、管理職三〇〇〇人を順次、海外勤務に就かせ、新入社員の半数を海外で採用することを決めた。それから十一年経ち、同社では英語の公用語化も進んでいる。柳井正は決断し、ぶち上げるだけでなく、実行する。そして、従業員にも実行をせまる。

「二位じゃダメなんですか?」などという脆弱《ぜいじゃく》な考え方を受け入れる気持ちは少しも持っていない。

「世界一位のところがすべてを取っていくのがグローバル経済です。いままでの続きで『日本で一番』というのはまったく意味がなくなる。だったら、世界一になって、需要を全部取りたい。われわれは海外でも決して負けないと思っています」

同じ年、中国の店舗では次のような問題点があらわになっていた。欧米の都市にある店舗が業績を上げるようになってから、アジア進出を加速したのだが、そちらにはまだ人材が育っていなかったし、現地の事情をわかっていなかった。

六〇店舗に増えていた中国では日本ではありえない店舗の姿になっていた。季節外れの商品が並んでいる店、新作を陳列するスペースがなくなっていた店、さらに、新作のポロシャツは一応、並んではいたものの、主力商品のポロシャツのサイズがなくなっていた店……商品はあるのだが、客が欲しい商品がないという状態だった。

基本的な教育が行き届いていないまま、急拡大したことによる弊害だった。だが、それもまた、日本から売り上げを上げている店長を派遣し、さらに欧米の店舗を立て直したスタッフを送り込むことで解決につなげた。

思うに、どんな会社でも完全に準備をしてから海外に進出するということはあり得ない。準備不足で最初は失敗する。だが、失敗にへこたれず、どう挽回するかが経営者のやるべきことだろう。

柳井は海外への進出を一貫して唱え、実行している。「やめない」というのが彼の考え方だ。

一度通ったことのある道と初めて通る道の分岐に立ったときの決断で、その人のキャラクターがわかる。もう一度、同じことをやるのがイヤで、なおかつ、自分を鍛えたい人間は一度も通ったことのない道に進む。柳井は後者だ。

彼は周囲から「厳しい経営者」と言われる。それは部下に厳しいからではない。自分に対してはさらに厳しくしているからだ。

海外へ行って日本を見つめる

グローバル化を宣言する経営者は少なくない。ただ、柳井が強調しているのはやみくもに海外に店を出し、海外で働く従業員の数を増やすことではない。

「海外に行った経験、考え方を基にして、相対的な目で日本を見て、そして変えていく」

要するに、海外を見て日本を変えることが目的であり、そのためには日本しか知らない日本人では通用しない、彼はそう考えている。「グローバル化では『全社員をグローバル化する』くらいの気持ちで取り組んでいます。もちろんまったく行く気がない社員もたくさんいますよ。地域正社員という制度をつくったのはある意味で諦めと言えます。

2010年5月13日、「ユニクロ上海 南京西路店」のオープニングパーティであいさつする柳井正会長兼社長（写真提供 時事通信社）

しかし、そう言っていても優秀な人は何としても口説いて海外に出す。失敗するか、成功するかは、行かせてみないとわからないでしょう。失敗しても死ぬわけではないし」

ここにあるように、海外で働いた経験は、失敗して得た教訓でさえもためになると言っている。彼は厳しいと評されているが、失敗した人間を糾弾することはしない。現に、海外に出て、うまく仕事を回すことのできなかった人間を銀座旗艦店の店長に抜擢し、再挑戦させた。

「日本は『おもてなしが素晴らしい』とか言われていますが、本当でしょうか。書店に行くと、『日本が世界一』『日本は最高』と書いてあるような本がたくさんありますが、何となくおかしい。『日本に自信をもて』とは、自信がないことの裏返しでしょう。日本を絶対視する一国主義ではなく、多様な価値観を受け入れる寛容な社会になる必要があります。東京に住む人の三分の一が外国人というくらいが、一番いいんじゃないでしょうか。訪日外国人が増えていますが、短期的な滞在ではなく、日本で働きたいと思ってもらえる国になるべきです」

海外を目指す経営者がもっとも参考にするべきは「海外へ行って日本を見つめる」という柳井の確固たる決断だろう。

目指しているのは「不良在庫の完全追放」

二〇一七年、ファーストリテイリングは何度目かの「新たな創業」と銘打って「有明プロジェクト」をスタートさせた。有明を走る高速道路のすぐ横に巨大な建物を建設し、なかに一〇〇〇人以上のスタッフを常駐させている。有明プロジェクトの目的とは何か。柳井はまだ完成していないこともあって、ごく簡単にしか説明していない(取材当時)。

「どこかの国の人が、どこかの国の工場に直接、注文して、それが生産期間も含めて一週間から一カ月くらいの間に届く」

つまり、カジュアルウェアを、インターネットを通した受注生産にするということだろう。

彼が目指したのは、不良在庫の完全追放である。

ファッション業は従来、半年から一年前に次の時期の服を予測して生産してきた。

物流倉庫と一体になった新本部「UNIQLO CITY TOKYO」(東京・有明)を拠点に、全社改革「有明プロジェクト」を推し進める。写真は本部内にある読書スペース（写真提供 時事通信社）

デザインを決め、素材を調達する「期初生産」が普通のことだった。期初生産とはあくまで予測だから、たとえば予想より暖冬だったりすると分厚いコート類は大量に売れ残る。

柳井は「散弾銃ではなく、ライフルで射抜くように、一人ひとりの好みに合わせた服をつくる」と目的を説明している。実にこの人らしい表現で、柳井をわかっている人は痛快に思うが、誤解している人は「表現が乱暴だ」と感じるだろう。

「五〇％くらいムダなものをつくっているらしいです、この業界は。それが全部、正規の価格に乗るんですよ。だからこの業界は、本当の値段が何なのかわからなくなり、付加価値の割にマージンを取り過ぎになっている」

彼がいま、やろうとしていることはモノづくりにおける革命だ。だが、誰もまだ具体的にはイメージできていないのではないだろうか。

説明を聞いて、「不良在庫の追放」の価値を理解するのはトヨタの人間だけかもしれない。トヨタには「トヨタ生産方式」というモノづくりの革命的システムがある。

原料から製品までのリードタイムを限りなく短くして、しかも、カーオーナーが好みの色、装備などを反映した車を生産するシステムで、トヨタの力の源泉は実はここにある。トヨタの車はデザインが圧倒的にいいわけでもなく、価格がめちゃくちゃ安いわけでもない。だが、どこの自動車会社よりも、客の好みを反映した車をつくることができる。

「もっとも賢いものでもなく、もっとも強いものでもなく、もっとも適応したものだけが生き残る」

ダーウィンの進化論の骨子を概括《がいかつ》すると、そういうことになるのだが、トヨタがやっていること、柳井が目指すこととは、実は「世の中の好みに対応することで生き残る」道を模索しているのだ。

ライバルはネットの巨人たち

「現在、週単位で行っている企画、生産の流れが一日単位へと進化し、究極的にはリアルタイムになる」

「情報を商品化するという新しい業態に生まれ変わらなきゃいけない」

アマゾンは二〇一六年、独自のシャツブランドを立ち上げている。また、タオル、文房具などはアマゾン・ベーシックというブランドで、すでに販売している。ユニクロにとってライバルはすでにZARAやH&Mではない。むしろネットの巨人たちだ。

柳井は以前までは自分のところよりも大きなファッション企業を追い抜くことが目標だった。しかし、いまは違う。

「役に立つ企業となって、生き残る」

ユニクロ一号店を出したとき、彼は自分が世の中の役に立っていることを体感した。そして、だからこそ、自分が生かされているとも自覚した。生き残るとは新しいことをやることではない。世の中の役に立つことをやることだ。彼にはそれがわかっている。

一六年のリオデジャネイロ・オリンピックの後、柳井は『日経ビジネス』のインタビューに答えて、こう言っている。

「オリンピックで過去最高のメダルを取ったのはいいけれど、それで浮かれている場合じゃない」

柳井正の決断の基にあるのは危機感だ。そして、危機感こそが人を決断と実行に駆り立てる。

柳井正

〔ファーストリテイリング 会長兼社長〕

原理原則に基づいて決断する

すべてを俯瞰して**決断**する

「情報革命屋」として大局を捉える

孫正義

〔ソフトバンクグループ 会長兼社長執行役員〕

すべてを俯瞰して決断する

ソフトバンクグループ 会長兼社長執行役員

孫正義《そんまさよし》

事業家として、投資家として、
社会に大きなインパクトを与え続けてきた
孫正義氏。ソフトバンクグループを
世界企業へと導いた
希代のイノベーターの「決断の瞬間」にせまる——

「お金はただの道具にすぎない」

ソフトバンクグループの二〇二一年三月期決算は純利益が約五兆円となり、国内企業としては過去最高の数字となった。五兆円という金額は自動車会社で言えばマツダ、スバルの年間売り上げよりも大きい。また、出版業の国内市場規模は約一・五兆円だ。報道しているマスコミが鉢巻き締めて頑張って雑誌や本を売りまくっても同グループの利益にぜんぜん届かない。あきれてしまう金額なのである。

しかし、孫は決算会見で「どれだけ株を持っているとか、どれだけ利益を出したというのはただの一時的な現象」と話し、「まだまだ物語は続く」と述べた。

また、決定的にAI革命から遅れをとってしまっている日本の現状について、「デジタルトランスフォーメーション(DX)は当然、もはや世界の最先端はさらにその上のAI革命で競争している」と憂いた。

彼は大金持ちの子どもに生まれたわけではない。ゼロからスタートして過去最高額の利益を上げた男の決断の瞬間とは何だろうか。

わたしはマクドナルドの創業者レイ・クロックの自伝『成功はゴミ箱の中に』(プレジデント社)を訳したことがある。巻末特集には柳井正、孫正義の二人を迎えて、対談を行った。ふたりとも日本マクドナルドの創業者、藤田田を尊敬していたこともあって、ベンチャー経営者の志について、語ってもらったのである。

今となってはなかなか再現することのできない顔合わせの対談の、司会とまとめ役をやった。そのとき、「見学したい」と、編集者、ジャーナリストが八人も同席したのを覚えている。

さて、孫正義は冒頭、「私のスタートは『竜馬がゆく』(司馬遼太郎著)を読んだことでした」と語った。

「高校を一年で退学してアメリカに行く決断は土佐藩を脱藩した坂本龍馬と同じ気持ちだった。そして、アメリカで何をすればいいかを聞くために日本マクドナルドの藤田さんを訪ねたのです」

藤田田に会いに行った経緯は後述するが、対談の間、孫の話を聞いていて、「この人は一流のストーリーテラーだ」と思った。

優秀な経営者、例えば、スティーブ・ジョブズ、柳井正、豊田章男《とよだあきお》もそうだけれど、スピーチが上手なのではなく、成長ストーリーのつくり方が上手なのだ。部下や周囲は彼らの紡ぎ出した物語に魅了され、納得し、ついつい応援してしまう。

孫正義はパソコン用ソフトの卸売、パソコン雑誌の出版事業からスタートし、会社を上場させた。投資家として中国のアリババ集団に出資し、プロ野球球団を買った。ボーダフォン日本法人を買収して携帯電話会社となり、半導体設計企業のアームを手に入れた。パソコンソフト販売から投資会社、球団経営、通信事業、ICT企業、二〇一七年には「ソフトバンク・ビジョン・ファンド」を設立し、ソフトバンクグループはAIに特化した戦略的持株会社に転換するなど、次々と業態を変容させ、進化している。葉っぱの上を這《は》っていた芋虫《いもむし》が華麗な蝶《ちょう》になったように、事業をメタモルフォーズ(変容)させながら成長している。

戦後日本にはベンチャー企業から大企業になった会社がいくつもある。しかし、三年から五年に一度くらい、主業態を変えながら大きくなったのはソフトバンクグループくらいだろう。

彼はあるインタビューのなかで、「自分の本質は情報革命屋」だと語っている。

「一般の人にもわかりやすく、あえて自己否定するような意味で卑下《ひげ》して『投資会社』と言っています。いくら『戦略的な起業家集団』と言っても、『所詮あんたは投資会社でしょ』と言われるので。本当は単にお金を追い求める投資会社とは違い、『情報革命屋さん』が本業です。お金はただの道具です」

柳井正、孫正義対談のなかで、坂本龍馬の話題から司馬遼太郎作品の話になった。

今思えば、偉そうだけれど、二人にこう話した。

「ご存知かと思いますが、『竜馬がゆく』以前の坂本龍馬像を調べてみると、私たちのイメージしている坂本龍馬ではありません。真面目な理科系の人という感じです。それが司馬作品のなかではつぎのようなキャラクターになっています。

子ども時代におねしょばかりしていたユーモラスな男。千葉周作道場で剣道の修業を積んだ剣客。維新の志士と交際し、薩長連合を作り上げ、同時に日本で初めて海運業に乗り出した……。つまり、司馬さんはこれまでの龍馬像を壊して、新しい坂本龍馬を創造した人です」

柳井さん、孫さんともに、私の話を聞いて、「なるほど。しかし、こいつは司会のくせにしゃべり過ぎだな」という表情をしていたように見えた。

人生を決めた藤田田との邂逅《かいこう》

孫正義の最初の決断とは起業したことではない。すべての始まりは『竜馬がゆく』を読んでアメリカを目指すという行動を起こしたことだ。そしてアメリカでコンピュータと出会い、新技術とITを自分の仕事にしていく。

彼は留学前、憧れの経営者で『ユダヤの商法』（ベストセラーズ）の著者、藤田田に会いに行くことにした。藤田は米軍の通訳をやっていたこともあるし、アメリカ人を相手にビジネスをしていた。アメリカへ行ったら、どんな勉強をすればいいのかを直接、聞きたかったのである。

以下は孫の話だ。

「アメリカへ行く前、九州から日本マクドナルドに電話をかけて、秘書の方に『僕はどうしても藤田社長にお目にかかりたい』と伝えました。

『私は九州の高校生で孫正義と言います。藤田社長の本を読んで感激しました。今度、アメリカに行くので、東京にも参ります。藤田社長に一五分で結構ですから、お時間をいただくわけにはいかないでしょうか』

秘書の方が『聞いてきます』と言って電話口を離れました。私は気が気ではなかった。なんといっても、当時、まだ当社が電話事業に参入していませんでしたから、地方から東京に電話をすると非常に高額な電話料金がかかったのです。ですから、早く返事が欲しいなと思いながら、電話口でじりじりしながら待っていました。すると、秘書の方は『申し訳ありません、ダメです』……。

そこで、もう一度、チャレンジしました。

『わかりました。では、こう伝えていただけますか。お目にかかるのが無理でしたら、一五分だけ社長室のなかにいさせてください。何も話しません。ただ、藤田社

米カリフォルニア大学バークレー校留学時代の孫氏。さまざまな発明やビジネスに没頭し、日本に帰国後、起業することを決意した

長の存在を感じるだけでいいのです。一五分したら、僕は静かに部屋から出ていきます』

秘書の方には、すみませんが、今、僕が言ったことをメモして、そうして、電話口で復唱していただけますか。間違いがあるといけないので、と付け加えました」

ここまで図々しいというか、自分の主張を通して、なおかつ細心にメモの取り方まで指示する高校生はいない。

結局、藤田は孫を迎え入れて、一時間ほど話をした。

藤田のアドバイスは次のようなものだった。

「僕がキミの年齢でアメリカへ行くのならコンピュータの勉強をする」

孫正義の人生が決まったのはこの瞬間だった。そして、二人の邂逅は『竜馬がゆく』のなかにある勝海舟と坂本龍馬の面談をほうふつさせる。

後に孫はお礼ではないけれど、藤田を当時のソフトバンクの社外役員に招く。藤田は社外役員だったが、代表取締役の孫よりも役員会で発言する時間が長い時がたびたびだったという。

孫正義が藤田のアドバイスに従ってアメリカでコンピュータ関連の仕事を始めたのは生涯の仕事となる情報革命を実現するための第一歩だった。

大局を捉えて「事を成す」

彼はこう言っている。

「(坂本龍馬は)大局を捉えて『事を成す』というところから逆算してものを考えてい

る。龍馬さんは、まさしく大事業であった明治維新を成そうとする事業家だったわけです。（略）

龍馬さんにとっての明治維新は我々の業界では情報革命に当たると思います。情報革命は世界中の人々から少しでも悲しみを減らし、喜びや幸せを増やすことになるのではないか。そう考えて、僕は世界中の革命的な若者たちを応援し、情報革命を追い求めています」

彼はアリババ集団（グループ）のジャック・マーを始めとする革命的な事業をやっている若者を応援してきたし、今もしている。そのときにストーリーテラーの本領が発揮されている。また、自らは投資会社を経営する事業家としてグループ全体を指揮する。そのことを理解しておかないと、彼が情報革命にまい進している真の姿を捉えることはできない。

ジャック・マーとの出会い

孫正義

〔ソフトバンクグループ 会長兼社長執行役員〕

アメリカ留学から戻った孫正義は一九八一年、日本ソフトバンクを設立し、パソコン用パッケージソフトの卸売を始めた。マイクロソフトが、インターネット接続が容易になるOS「ウインドウズ95」を出す一五年も前の話である。

その頃、パソコンのことを「電子そろばん」と言っていた人は少なくなかった。コンピュータ、イコール、数字の計算をするためだけの機械というのが一般の認識だったのである。

なにしろ、パソコンの普及率は八七年で一一・七%にすぎなかった。孫がパソコンソフトを売り始めたのはそれよりも六年も前だ。なお、八七年以前の日本ではパソコン普及率の調査自体がちゃんと行われていなかったのである。

さて、日本ソフトバンクはパソコンやインターネットの普及とともに成長していき、九八年には東証一部に上場を果たす。

当時の主な業務はソフトの卸売、パソコン雑誌の出版事業に加え、九六年に合弁会社として設立したヤフー日本法人がやっていた、インターネット関連のビジネスだった。

2000年、アリババ集団への出資合意でジャック・マー氏と握手を交わす。その後、同社とは事業提携や合弁会社の設立、共同出資などを通して、緊密な関係を築いてきた

その後、二〇〇〇年までの二年間、彼は衛星放送に出資したり、ナスダック・ジャパンを立ち上げたり、日本債券信用銀行(現・あおぞら銀行)の株式を取得したりしている。いずれも失敗ではない。しかし、投資会社としての看板になるようなビジネスではなかった。当時の孫正義は積極的に仕事を進めてはいたが、心のうちには焦燥感があっただろう。

今でこそ、ソフトバンクといえば誰もが携帯電話会社であり投資会社であると思っている。しかし、〇六年にイギリスの携帯電話会社ボーダフォンの

2006年、ボーダフォン株式会社の株式を取得して子会社化、移動通信事業へ参入した

日本法人を買収するまではさまざまな事業を行っている会社というイメージだったのである。

一九九九年、孫正義は中国へ行き、将来性があると思われたＩＴ企業の社長を二〇人招き、一人一〇分間ずつ面会した。そのなかにいたのがアリババ集団の創業者、ジャック・マーだった。

孫はプレゼンを六分、聞いただけでマーが望んでいた額よりも多い二〇億円の出資を決める。

以後、急成長を遂げたアリババ集団は二〇一四年にニューヨーク証券取引所に上場する。時価総額は二五兆円。

筆頭株主だったソフトバンクグループが持つ含み益は約八兆円になった。

以後の彼は若いＩＴ起業家を応援するために投資を続け、一〇兆円規模の「ソフトバンク・ビジョン・ファンド」を創始するまでになった。アリババ集団に対する出資から時間を経て、一八年以降ソフトバンクグループは投資会社としての色彩を強めていった。それを念頭に置くと、ジャック・マーと出会ったこと、マーへの投資が彼の第二の決断の瞬間だったことになる。

孫正義流の投資チェックポイント

彼には投資するときにチェックするポイントがある。

「事業の分野が非常に大きな市場規模の可能性を持っているというのが一つ。それから、それに対する取り組み方のモデル、ビジネスモデルが素晴らしいこと。そして、会社が実行する経営陣と強いリーダーシップを持っていて、これがいけそうだという予感がフツフツと湧いてくること。成熟した企業に投資するには、その会社のキャッシュフローとか過去の業績というのが分析の中心になると思うんですが、われわれのように将来の技術、将来の伸びのところを見るときは、過去の数字は若干の参考にはなるけれども決定打にはならない。数字を見るよりも感じるということ。『スター・ウォーズ』に出てきますね。〝フォースを感じろ〟と。そっちのほうが最後の決め手になると最近そんな気がしています。そういうことです。感じろ」

もっとも、私は孫が投資した先の会社が成功するのは、彼が成長ストーリーを世の中に対してアピールするからだと考えている。

そして、孫に投資を望む起業家たちもまた孫のストーリーテリング能力を頼みにしている。

世の中にはいくつもの投資ファンドがある。だが、孫にはファンドを成長させる物語を紡ぎ出す能力がある。

「ジャック・マーは野獣の目をしていた」

孫本人の言葉ではないとも言われているけれど、物語としてはこの言葉があればそれでいい。

ソフトバンクグループに投資を望む起業家にとっては他の投資ファンドの大金よりも、「孫正義が私の目のなかに何かがあると言ってくれた」という物語の方がありがたいのである。

孫正義は経営者としても投資家としてもストーリーテラーだから、事業を拡大させることができている。

本人は投資に対してこう語っている。

「一攫千金を狙うことが悪いことのように言われますが、それもいいと思っています。日本人にはそれが似合わないという人は歴史を振り返ってください。戦国時代には織田信長や斎藤道三、豊臣秀吉らが天下取りのために命を投げ出し、戦った。世界の国々でも一攫千金、天下取りを目指した戦いがあった。そうした野心あふれたリーダーがいて初めてその国の産業界に活力が生まれるのではないでしょうか」

「もっとも苦しかった」ブロードバンド事業参入

孫正義

〔ソフトバンクグループ 会長兼社長執行役員〕

「これまでの人生でもっとも苦しい戦いは『ヤフーBB』でブロードバンド事業を始めたとき（二〇〇一年）」

孫正義はこう語っている。

ただ、彼は戦いを避けたのではない。苦しさを承知で戦うことに決めた。

若き日の徳川家康が勝てないとわかっていながらも武田信玄が待つ三方《みかた》ヶ原《はら》へ打って出たことに似ている。しかし、家康も孫も戦いで命脈《めいみゃく》を絶たれたわけではなかった。家康は徳川政権を作った。孫が始めたブロードバンド事業は四年後には単年度黒字になった。

ブロードバンド事業に乗り出したとき、ソフトバンクグループはパソコンソフトの流通とヤフーを主とした企業で、携帯電話会社を持っていなかった。

一方、相手方の筆頭、NTTは全国に自前のネットワークを持ち、先行してブロードバンド接続事業を始めていたし、さらにドコモという携帯電話会社との相乗効果もあった。簡単に勝てる相手ではなかったのである。それでも彼は決断した。

後にこう振り返っている。

「ヤフーＢＢを始めたときは年間一〇〇〇億円の赤字を四年間出しました。当時はネットバブルがはじけ、ソフトバンクの時価総額は二兆円から二〇〇〇億円に下落していました。一番苦しいときに、ＮＴＴという当時の日本で一番大きな相手に競争を挑んだわけです。（略）

ネットバブルがはじけてどん底に落ちたときに、逆にむなしさが吹っ飛んで、たぎるような闘争心に一発で火がつきました。一番難しいＮＴＴを勝負の相手に選び、自爆しても構わないという覚悟が生まれました」

彼は圧倒的に安い価格戦略とＩＰ電話サービスのＢＢフォンを前面に押し出した。さらに大量のテレビ宣伝を打ち、街頭ではＡＤＳＬモデムを無料で配布さえした。そうしてヤフーＢＢは話題になり、会員は増えていったけれど、当初はなかなか赤字が埋まらなかったのである。

ただ、孫が採った電撃的な低価格作戦は、結果として業界全体が価格を改定したり、料金体系を見直したりすることにつながった。ユーザーにとっては悪いことではなかったのである。

ブロードバンド事業は少しずつ伸びていった。そして、ボーダフォン日本法人の買収と、その後の日本におけるｉＰｈｏｎｅの独占販売を行うことで、当時のソフトバンクグループは通信会社としての地位を盤石にしていく。

ジョブズとの約束「携帯電話会社をつくる」

携帯電話ビジネスへ参入する以前、孫は旧知のスティーブ・ジョブズを訪ねたことがあった。

「モバイルビジネスに参入するなら武器がいる。世界最高の武器を作れるのはジョブズしかいない」

アップルがｉＰｈｏｎｅを出すのは二〇〇七年だ。孫はｉＰｈｏｎｅがまだ存在しなかったのに、それでも、ジョブズしかいないと直感したのである。

ジョブズと会ったとき、彼は一枚のスケッチを見せた。ｉＰｏｄに電話機能を付け足したような機器のスケッチだった。ジョブズは微笑して、「ああ、僕も同じよ

2001年、ADSLを使ったブロードバンド総合サービス「Yahoo! BB」の商用サービスを開始。当時「スピードはほぼ2倍、価格はほぼ半額」という設定で普及させた

2008年、日本で唯一の取り扱い事業者として「iPhone 3G」を発売。全国各地のソフトバンクショップには行列ができた

うなものを考えている」と言った。

孫は勢い込んで言った。

「では、考えている製品が完成したら、僕に日本での独占販売権をください」

ジョブズはまた微笑した。

「マサ、君は携帯電話会社を持っていないじゃないか」

次は孫が微笑する番だった。

「いえ、次は携帯電話会社の代表として、ここに来ますよ」

孫がボーダフォン日本法人を買ったのは〇六年四月。当時のソフトバンクグループの連結売り上げは一兆一〇〇〇億円。買収金額は一兆七五〇〇億円である。

「役員会で私(孫)が案件を説明するとたいてい反対していた」という柳井正(当時・社外取締役)が、「孫さんがこれから事業を伸ばしていくには武器がいる」と、真っ先に賛成した。

一般消費者に「ソフトバンク」ブランドが広く認知されていくのはこのときからだ。孫の役割は事業家として天下を取るためにｉＰｈｏｎｅ、携帯電話会社という武器をつかむことにあった。

彼はこう思い出している。

「正直に言うと、事業が軌道に乗ってきて自分の後継問題などを考え始めたときに、事業に対する燃えるような面白み、戦っているという血湧き肉躍る気持ちが薄れてしまいます。危機に見舞われたり、戦っているときはつらいのですが、その方が生きがいを感じるのかもしれません」

孫は危機のときほど、力を出す。つらいと思って危機に対処するのではなく、つらいけれど楽しい、困難だけれど乗り越えたいと思っているのだろう。

三方ヶ原で一敗した徳川家康は「人は負けることを知りて、人より勝れり」と言った。孫正義はヤフーBBでつらい目にあったが、そのおかげでソフトバンクグループという組織は強さが増したと言える。

金を稼ぐよりも投資先を成長させる

柳井正、孫正義というふたりのベンチャー経営者の対談を行ったことは先述した。

席上、ふたりに「マスコミに叩かれたとき、どう感じます？」と訊ねてみた。

すると、柳井正は微笑するだけ……。

一方、孫正義はこんな話を始めた。

「柳井さんも僕もベンチャー経営者です。ベンチャーの経営者とはリングに上がっているボクサーみたいなもの。戦う相手から殴られて、そのうえ、観客からヤジを飛ばされたり、罵声を浴びせられたりする。つらい仕事ですよ。しかし、僕はこう思うことにしているんです。『なんとも理不尽だ。しかし、観客のみなさんはわざわざ僕らを見に来ている。だから、観客のみなさんに怒る気持ちは持たないことにする』」

彼が言うように、マスコミは外から見ている観客だ。リングの外から応援したり、また罵声を浴びせたりする。

だから経営者はマスコミを意識するよりも、リングのなかの戦いに専念するのが本筋だろう。

2017年、「ソフトバンク・ビジョン・ファンド」の始動を発表する孫氏

彼の話を聞いたとき、「孫さんはほんとに叩かれまくったんだな」と思うと同時に、なんともせつない感想だなと思った。

以後、私自身もレビューに「クソ本」とか「陳腐だ」「クソして寝ろ」と書かれても、「オレはリングの上のボクサーだ」と無理やり思うことにしている。

さて、孫正義の次の決断はこうした批判を浴びながらも、続けている「ソフトバンク・ビジョン・ファンド」について、である。

「ソフトバンク・ビジョン・ファンド」

は二〇一七年に発足した一〇兆円規模の投資ファンドで、主な出資者は次のとおりだ。

ＰＩＦ（サウジアラビア政府系ファンド）、ソフトバンクグループ、ムバダラ開発公社（アブダビ政府系ファンド）、アップル、クアルコム、鴻海《ホンハイ》精密工業……。

金融機関が並ぶ従来型の投資ファンドではなく、起業家たちが金を出し合うＩＴベンチャーのファンドだ。

投資先にはウーバー、グラブ（ライドシェア）といったすでにベンチャーの域を超えた企業がある。加えて、フィンテックやＤＮＡ解析などの先進技術とＡＩ技術を掛け合わせたユニコーンが並ぶ。いずれも成長途上の海のものとも山のものともわからない企業ばかりである。金融機関のファンドマネージャーだったら敬遠するような会社もある。しかし、そうしたユニコーン企業を少しでも多く成長させることが「ソフトバンク・ビジョン・ファンド」の目的だ。ＡＩを活用して、さまざまな業界を変革させていく企業をサポートすることで、ＡＩ革命を推進していくためのファンドだ。

ところが、マスコミはそうは書かない。「孫の目利《めき》き力が陰った」と書く。シェアオフィス運営のウィーワークへの投資がかさんだこと、前経営者が不祥事を起こしたことばかりを取り上げる。

しかし、ウィーワークは、日本ではビジネスが堅調だ。そして、他の投資先のなかには上場した会社もあれば投資した金額をすでに回収した会社もある。従来型の金融機関主宰ファンドと比べても遜色のない成績を上げている。孫正義の目利きの力が鈍ったという表現には裏付けがないと思える。

そして、ファンドの力として忘れてはならないのは、孫が見いだした企業は他の投資家たちもまた注目するという事実だ。例えばインドのベンチャー企業に誰よりも早く注目して投資したのは彼だ。他の投資家は孫の後を追ったに過ぎない。

投資先の立場に立って考える

私はインドのベンチャー起業家に会って、話をしたことがある。彼はこう言っていた。

「日本人に投資してもらいたい。そうすれば世界の投資家が付いてくる。そして、できればミスター・ソンに投資してもらいたい」

アメリカ人が主投資家だったら、イスラムや中国人が投資しないことがある。中国人が主投資家だったら、今度はアメリカ人がお金を出しにくい。その点、日本人が金を集めてくれれば、どこの国の人間も投資できる。そして、日本人投資家の筆頭はミスター・ソンだ……。

お金を出してもらう側もちゃんと合理的に考えている。どんなお金でもいいとは思っていない。

このように、日本人は投資家に向いているのだけれど、しかし、日本の銀行、金融機関、大企業が組成したファンドが大成功したとか、日本企業が買収した海外企業が成長した話はあまり聞いたことがない。

例外があるとしたら、EV（電気自動車）のテスラ草創期に投資したトヨタくらいのものだろうか。

そうして、何をしても、孫正義は叩かれるのだけれど、それでも彼は主張する。

「(事業の成功に)何が必要なのか。それはやっぱり……、狂ったほどの情熱ですよね」

何かをやらずにいられない愛国の思い

孫正義が決断した瞬間のなかで、他の経営者よりも突出しているのが寄付であり社会貢献だろう。

本来、経営者は仕事を通じて、企業を成長させ、人を雇い、税金を払って国家や地域に貢献すればいい。それだけで十分と言える。

それなのに、孫正義は大金を個人で寄付する。

東日本大震災の後、彼は一〇〇億円の義援金を拠出すると表明した。さらに、ソフトバンクグループから一〇億円、引退するまでの自らの報酬全額を寄付し、これに関しては震災遺児の支援に回すと決めた。

このとき、彼は「売名行為だ」「ほんとに払ったのか」といった非難を受けている。それでも寄付はやめない。

コロナ禍ではマスク、フェイスシールドなどをはじめとする防護具を、政府・自治体・民間企業・医療機関などに無利益で提供した。さらに、唾液ＰＣＲ検査を提供するための一〇〇％子会社を設立し、一回二〇〇〇円（税抜・配送料、梱包費などを除く）という破格の値段で検査を提供している。

なぜ、彼は災害や感染症の蔓延で困った人たちを見ると寄付をするのだろうか。売名行為ではない。彼以上に有名な経営者はいない。売名する意味はない。目立ちたくて寄付をしているわけではない。

では、なぜなのか。

寄付をする人というのは、困っている人、苦労している人を見ると、考える前に体が動いてしまうのだ。

やらずにはいられないからやる。そのときは他人の目は気にしていないし、自分の懐もそれほど気にならない。

孫正義もそういう「やらずにはいられない」人たちのなかのひとりなのだろう。

その証拠に、仕事の内容を見ていくと、「やらずにはいられないからやった」ことが出てくる。

二〇〇四年、彼は八丈島にＡＤＳＬのブロードバンドサービスを提供した。離島にブロードバンドのサービスを開始したのはソフトバンクグループが初めてだった。孫は「八丈島にブロードバンドを推進する会」メンバーから直訴を受け、困っている人たちのために離島にブロードバンドの施設を建設した。儲かるとは思わなかったが、誰かがやらなくてはいけないと感じたのだ。

ダメな理由を挙げるより、何か一つを成功させる

寄付や支援をすることについて、もう一つある。彼がやらずにはいられない理由は日本が好きだからだ。

こう語る。

孫正義

〔ソフトバンクグループ 会長兼社長執行役員〕

2021年3月期第3四半期の決算発表を行う孫氏。ソフトバンクグループが展開する事業を「金の卵の製造業」と表現し、投資会社から一歩進んだ事業であることを強調した

「多くの日本の人々が僕をまだ受け入れていないのかもしれませんが、自分は日本国籍を泣きたいほど願ってもらった人間です。恐らく多くの日本の人々よりも日本という国に感謝し、好きという気持ちを持っていると思います。生まれたときから日本国籍を持っている人と、泣くほど渇望してもらった人間とでは、もしかしたら愛着の深さが違うのかもしれません」

この言葉ほど哀《かな》しみを感じるものはない。私には在日韓国人の友人が幾人かいる。一緒に仕事をしている人間もいる。彼らは見事なほど誰もが孫正義と同じように日本に感謝しているし、愛着を持っている。

私たちのように生まれたときから日本国籍を持っている人間はそのことを考えなくてはいけない。私たちはどこの国から来た人間であっても、態度を変えないで接することだ。また、どこの国へ行って誰と会おうとも、同じようにふるまう。

自分の国籍に持つべき誇りや愛国心とはそういうものではないか。

ある国に生まれた人間が他の国の人間より能力があるなんてことはまったくない。人間はそれぞれまったく違う優れた能力を持っている。それを自ら信じようと思うかどうかにかかっている。

そして、孫正義は愛着がある日本には活気と成長を取り戻して欲しいと願っている。

「僕の実績はまだまだ。恥ずかしいし、焦っています。米国や中国の企業の成長を見ると、この程度ではいかんという思いは非常にあります。米国や中国の市場の大きさを羨ましいと思ったこともありましたが、東南アジアのように自国市場が小さい国からも熱く燃えて急成長している会社がたくさん出てきている。僕を含めて日本の起業家が言い訳をしている場合ではないのです」

「私は日本を愛していますし、日本がもう一度、輝きを取り戻すことを心から願っています。僕がちょっとだけ日本に貢献できるとするならば、ダメな理由を挙げるよりも一つでもいいから何かを成功させることです。『ああやれば生き延びられる』『ああやったら復活できる』という事例を示すことができれば、少しくらい望みが出てくるのではないかと思っています」

孫正義という起業家は仕事でも寄付でも、やらずにはいられないことにバカになって突っ込んでいく人だ。

おわりに

「決断の瞬間」はビジネス誌『理念と経営』(コスモ教育出版)に数年間、連載したものをあらためて構成し直し、改稿したものです。

連載は同誌編集部の宮崎誠司さんが担当してくださいました。彼らしい誠実な編集で、助かりました。感謝しています。宮崎さん、ほんとうにありがとう。

同誌には亡くなった背戸逸夫編集長に見出されて以来、かれこれ10年近くも連載を続けています。ありがたいことです。感謝しています。

そして、川本貴美枝取締役編集顧問をはじめとする精鋭のみなさんにも本当にお世話になっています。ありがとうございます。

新書にするにあたってはワニブックスの内田克弥編集長にお世話になりました。感激です。

この本は書きながら、推敲しながら、校正しながら、わたし自身がもっとも勉強になったと思っています。

勉強になる本を発表することができて、わたしは幸せです。

みなさん、ありがとうございました。

2021年7月　**野地秩嘉**

資料・写真提供／参考文献

松下幸之助

資料・写真提供　パナソニック株式会社
参考文献　『キング』1953年
『実践経営哲学』PHP文庫
『文藝春秋』1965年4月号
『財界』1970年4月15日号

藤澤武夫

資料・写真提供　本田技研工業株式会社
参考文献　『財界』1972年10月15日号
『週刊朝日』1973年
『松明は自分の手で―ホンダと共に25年』産業能率短期大学出版部
『週刊プレイボーイ』1984年
『社報』1955年

佐治敬三

資料・写真提供　サントリーホールディングス株式会社

盛田昭夫

資料・写真提供　ソニーグループ株式会社
参考文献　『週刊文春』「大宅壮一人物料理教室」1966年4月25日号

小倉昌男

資料・写真提供　ヤマトホールディングス株式会社
参考文献　『経営はロマンだ!』日経ビジネス人文庫

藤田田

写真提供　アフロ/藤田商店
初出　『PRESIDENT』1997年7月号

金川千尋

資料・写真提供　信越化学工業株式会社
撮影　小川佳之(金川千尋)

川淵三郎

写真提供　J.LEAGUE/Getty Images
JFA
B.LEAGUE
Mリーグ
撮影　伊藤千晴（川淵三郎）
参考文献　『黙ってられるか』新潮新書

永守重信

資料・写真提供　日本電産株式会社
参考資料　『日経ビジネス』(2018年4月2日号)
『情熱・熱意・執念の経営 すぐやる! 必ずやる!出来るまでやる!』(PHP研究所)
『「人を動かす人」になれ!』(三笠書房)
『日本電産永守重信社長からのファクス42枚』(プレジデント社)

大山健太郎

資料・写真提供　アイリスオーヤマ株式会社
参考資料　『財界』2018年3月13日号
『日本経済新聞』電子版2020年4月22日
『アイリスオーヤマの経営理念 大山健太郎 私の履歴書』(日本経済新聞出版)
『ユーザーイン経営』(編集協力/日経BP中小企業経営研究所・
日経トップリーダー 編集部、非売品)
『いかなる時代環境でも利益を出す仕組み』(日経BP社)

野並直文

資料・写真提供　株式会社崎陽軒

柳井正

資料・写真提供　株式会社ファーストリテイリング
写真提供　時事通信社
参考文献　『一流たちの修業時代』(光文社新書／野地秩嘉著)
『成功はゴミ箱の中に』(プレジデント社／レイ・A・クロック
ロバート・アンダーソン共著、監修・構成 野地秩嘉、訳 野崎稚恵)
『日経ビジネスアソシエ』(2011年7月19日号「『店長』図鑑 スペシャル」)
『日経ビジネス』連載「トヨタ生産方式を作った男たち」
『日経ビジネス』2016年1月11日号
『日経ビジネス』2016年10月3日号

孫正義

資料・写真提供　ソフトバンクグループ株式会社
参考文献　『日経トップリーダー』2019年12月号
『歴史街道』2017年12月号
『日経ビジネス』2016年8月8日・15日号
『成功はゴミ箱の中に　レイ・クロック自伝』(プレジデント社)

あなたの心に火をつける
超一流たちの
「決断の瞬間」ストーリー

著者　野地秩嘉

2021年8月15日　初版発行

野地秩嘉（のじ つねよし）
1957年、東京都生まれ。早稲田大学商学部卒業後、出版社勤務、美術プロデューサーなどを経てノンフィクション作家に。人物ルポルタージュをはじめ、ビジネス、食、芸術、海外文化にいたるまで幅広い分野で執筆。『TOKYOオリンピック物語』（小学館）でミズノスポーツライター賞優 秀賞受賞。『キャンティ物語』（幻冬舎）、『高倉健インタヴューズ』（プレジデント社）、『新TOKYOオリンピック・パラリンピック物語』（KADOKAWA）、『京味物語』（光文社）ほか著書多数。

発行者　横内正昭
発行所　株式会社ワニブックス
〒150-8482
東京都渋谷区恵比寿4-4-9えびす大黒ビル
電話　03-5449-2711（代表）
03-5449-2734（編集部）

装丁　小口翔平／後藤司（tobufune）
本文デザイン　建山豊（TRIAD G.K.）
連載時編集　宮崎誠司（コスモ教育出版）
協力　コスモ教育出版
校正　玄冬書林
編集　内田克弥（ワニブックス）

印刷所　凸版印刷株式会社
DTP　建山豊（TRIAD G.K.）
製本所　ナショナル製本

定価はカバーに表示してあります。

ISBN 978-4-8470-6658-0
ワニブックスHP　https://www.wani.co.jp/
WANI BOOKOUT　https://www.wanibookout.com/
WANI BOOKS NewsCrunch　https://wanibooks-newscrunch.com/